だれにでも英語の耳ができる

新 ゼロからスタート 英語リスニング

鬼コーチの18耳レッスン

安河内 哲也
Yasukochi Tetsuya

Jリサーチ出版

はじめに

英語学習者の皆さんから、「そもそも相手が言っていることがわからないので、会話が成立しない」という意見を耳にします。私自身もその経験を経ています。確かに、こちらから話すときには、思い切ってシンプルな英語や身振り手振りで強引に伝えることができても、相手が言っていることがわからないから、そこで止まってしまうわけです。

こんなふうに、英語の勉強の中で、私たち日本人が、そして初めて英語を学ぶ皆さんが、一番苦労するのが「リスニング」です。実は私も、最初はringやpearlという、文字で見てしまえば簡単な単語でさえ、ネイティブスピーカーの出す音ではさっぱり理解できなかったという経験の持ち主です。

私自身は、本格的なリスニングの勉強は大人になってから始めたのですが、子供の頃から学んでいる人たちや帰国次女の皆さんのようには英語を聞き取ることができず、英語の勉強自体がいやになってしまうこともありました。

そのような私も、試行錯誤を繰り返しながら、今では何とか英語で仕事をしたり、英語で映画やニュースを見たりすることができるようになりました。

私自身は試行錯誤の過程でたくさんのムダを経験しているのですが、この『新ゼロからスタート 英語リスニング』で勉強する皆さんには、徹底的にムダを省いて合理的に、基礎の基礎からリスニングをマスターしてほしいと思っています。

リスニングがある程度できる人や語学的センスが優れている人にはこの本は必要ありません。この本は20歳の時の私と同様に、英語のリスニングができずに悩んでいる皆さんのために作成しました。「日本人の、日本人による、日本人のための」リスニング学習法を、本書を通じて実践することで、ぜひ「英語の耳が開く」という感動を体験してください。

安河内哲也

CONTENTS

英語の耳づくり　総仕上げ

安コーチの耳レッスン　実践編

Tomato

レッスンの前に～

ゼロから始める リスニング学習法

「精聴」こそがリスニングの基礎

ここでは初めて英語のリスニングを学ぶ皆さんが、どうすれば日本語の音で固まった耳を、英語の音声が聞き取れるように、ほぐしていけるかを説明したいと思います。

私もそうでしたが、耳のトレーニングをまだしていない段階で、英語のニュースの音声などを聞くと、雑音の中にポツリポツリ聞き取れる単語が認識できる感じです。この状態でずっと音声を聞き流していても、リスニング力が向上することは、あまり期待できません。

リスニングの学習には、常に英語をかけっぱなしにして聞き流す「多聴」がありますが、初心者の皆さんは主に使われている単語やフレーズを一つ一つ丁寧に聞き取る「精聴」を重視して、少しずつ勉強をするのが得策です。

もちろん、英語のリズムをつかんだり、英語の音声自体への抵抗感をなくすために英語を流しっぱなしにすることはよいことですが、それだけでは子どもの言語吸収のように大幅にリスニング能力が向上することは、大人の場合は期待できません。少しずつ、英語の音を耳に刷り込むことで、徐々に耳を改造し、「聞こえる音」を増やすことがリスニング学習の成功の秘訣なのです。

発音の勉強がリスニングの勉強になる

「発音できない音は聞こえない」という言葉が示すとおり、発音と聴覚は密接に関係しています。「モーター理論」と呼ばれる有名な学説によれば、発音器官と聴覚器官は連動しており、自ら区別して発話できる音を何度も耳からフィードすることによって、耳で聞いて認識できるようになるそうです。

何よりも、私は自ら身をもってその過程を体験したため、そのとおりだと断言できます。私のリスニング能力も各種資格試験のリスニング成績も、発音の上達度に比例して向上しています。

それでは、どのようにすれば英語の発音をマスターすることができるのでしょうか？　実は、「臨界期（15歳から18歳）」と呼ばれる年齢を過ぎた後には外国語の発音を「自然に」習得することはできないというのが大方の語学教育専門家の常識です。そのような大人の学習者にとって、非常に重宝するのが「発音記号」です。発音記号を使えば、日本語の五十音に当てはまらない英語の発音をしっかりと分類して短期間で習得することができます。また、発音記号に合わせて舌と歯と唇の位置を矯正していけば、しっかりと正しい音を作ることができるようになります。

音読、リピーティングの有効性

言語活動は、大きく分けて「読む」「書く」「聞く」「話す」という４つに分けることができます。「読む」「聞く」というのは「受動的な学習」、「書く」「話す」というのは「能動的な学習」と言えますが、実は、この４つの技能をバラバラに考えてしまうと、学習効率を下げてしまうことがあります。

本書は、リスニング、つまり「聞く」という「能力」を高めることを意図して作成されていますが、それと同時に、声に出す、つまり「話す（発音する）」という能動的学習もまた非常に重要だと言えるのです。

「音声」を聞いた後は、その音を繰り返し、声に出して読むことを必ずするようにしてください。実際に発音すると、どうしても日本語のカタカナ読みの癖が抜けきれないまま読んでしまう人もいますが、先ほど説明した「発音記号」をせっかく勉強するわけですから、「発音記号（理論）」と「音声（実践）」の両方を活用し、能動的学習を取り入れるようにしてください。こうした訓練を行うことによって、話すときの自信にもなることはもちろん、リスニングの力を高めることも期待できるのです。

音読とディクテーションで英語の耳づくり

耳を改造していくためには、英文を聞こえなくしている「犯人」をしっかりと突き止める必要があります。そのための「犯人」捜索の作業が「ディクテーション」です。まず音声を聞きながら、聞こえたとおりに英文を書き取ります。スペリングは間違っていても構いませんし、音声は何度でも聞いてください。この作業を通して、聞こえない音は何度聞いても聞こえないということに気がつくでしょう。そこが、あなたのリスニングをできなくしている原因だと言うことができます。

次に、答えのスクリプトを見て、間違って聞こえていた部分や聞き取れなかった部分を赤ペンなどで修正をします。この修正した部分を目で見て確認しながら、どの部分がどの音に対応するか意識して、何度も音声を聞き直します。

そして、発音記号や音のつながりなどを確認した上で、ネイティブスピーカーの音声をまねて音読してください。日本語の音に無理に当てはめようとしないで、思い切ってネイティブスピーカーの音に近づけようと心がけてください。最終的にほぼ同じような音が出るようになれば、耳が開き、次から聞き取れるようになります。そのようにして聞こえる部分が徐々に増えていくのです。

本書の利用法

　本書は、英語リスニングを基礎から学習するために作成された一冊です。「基礎編」は10の耳レッスン（各4～8ページ）で構成され、日本人が“英語の音”をとらえるためにカギとなる10のテーマに沿って学習していきます。「実践編」は8つの耳レッスン（各6ページ）で構成され、基本的な8つのシチュエーションごとに、そこでよく使われる単語や表現を使って実践的な学習をしていきます。

基礎編

　英語を聞き取るポイントを10項目に分けて、解説と練習問題を盛り込んであります。

▶基本解説

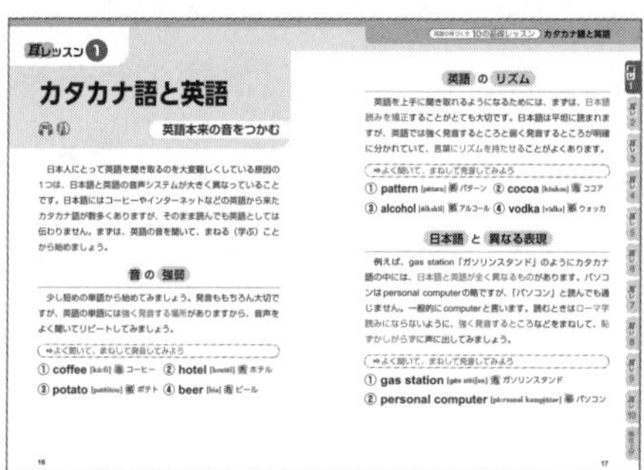

日本人が苦手とする英語の音やリズムを中心に、その特徴を解説します。「➡よく聞いて、まねして発音してみよう」に、その音を含む単語の例を挙げてあります。付属の音声をよく聞いて、口の形や舌の位置に注意しながら、自分でも発音してみましょう。

▶リピート練習

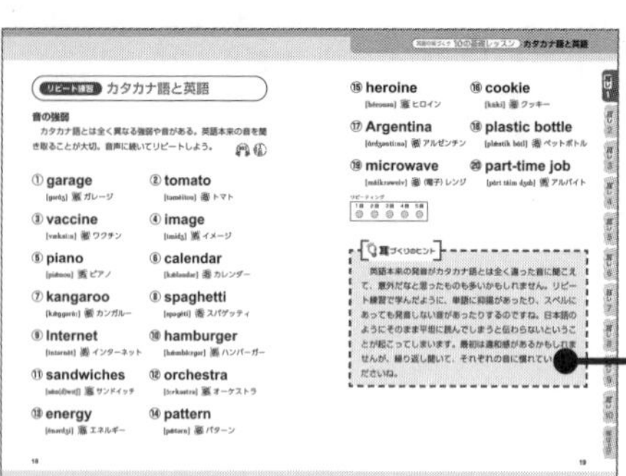

サブ項目ごとに10～20の単語やフレーズを取り上げています。音声に続いて発音してみてください。少なくとも5回、繰り返しましょう！

コラム「耳づくりのヒント」には学習に役立つ情報がたっぷり。

▶音の聞き分けにチャレンジ

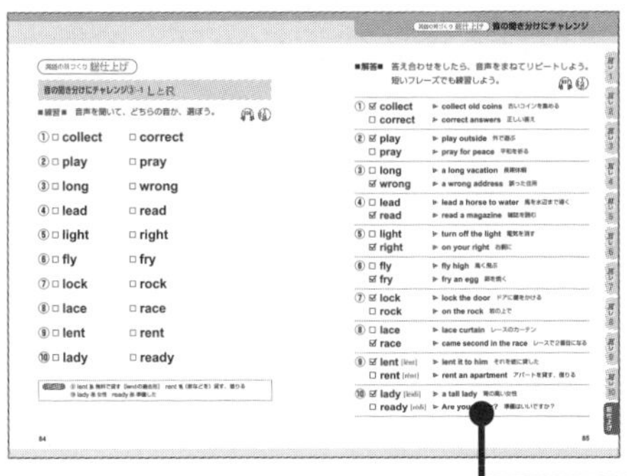

音の聞き分けにチャレンジ

■練習■ 音声を聞いて、どちらの音か、選ぼう。

① □ collect □ correct
② □ play □ pray
③ □ long □ wrong
④ □ lead □ read
⑤ □ light □ right
⑥ □ fly □ fry
⑦ □ lock □ rock
⑧ □ lace □ race
⑨ □ lent □ rent
⑩ □ lady □ ready

■解答■ 答え合わせをしたら、音声をまねてリピートしよう。短いフレーズでも練習しよう。

① ☑ collect ▶ collect old coins
□ correct ▶ correct answers 正しい答え
② ☑ play ▶ play outside
□ pray ▶ pray for peace
③ □ long ▶ a long vacation
☑ wrong ▶ a wrong address
④ □ lead ▶ lead a horse to water
☑ read ▶ read a magazine
⑤ □ light ▶ turn off the light
☑ right ▶ on your right
⑥ □ fly ▶ fly high
☑ fry ▶ fry an egg
⑦ ☑ lock ▶ lock the door
□ rock ▶ on the rock
⑧ □ lace ▶ lace curtain レースのカーテン
☑ race ▶ came second in the race
⑨ ☑ lent ▶ lent it to him
□ rent ▶ rent an apartment
⑩ ☑ lady ▶ a tall lady
□ ready ▶ Are you ...?

84 85

音声を聞いてどちらか選ぼう！

１つまたは２つの音を聞いて、どちらの選択肢に当てはまる音か選びましょう。

解答欄には、その単語を使った短いフレーズがあります。解答をチェックしたら、単語とフレーズをもう一度よく聞いて、自分でも声に出してみましょう。スムーズに言えるまで繰り返します。

▶音の聞き取りにチャレンジ

❶ 音声を聞いて空欄に入る語句を書き取ろう！

DLの音声を聞いて、空欄になっている部分の言葉を、つづりの間違いなどは気にせず、聞こえたとおりに書き取ってみましょう。1文ごとに、書き取り用のポーズをとっています。音声を何度も止めたり戻したりしてもOKです。

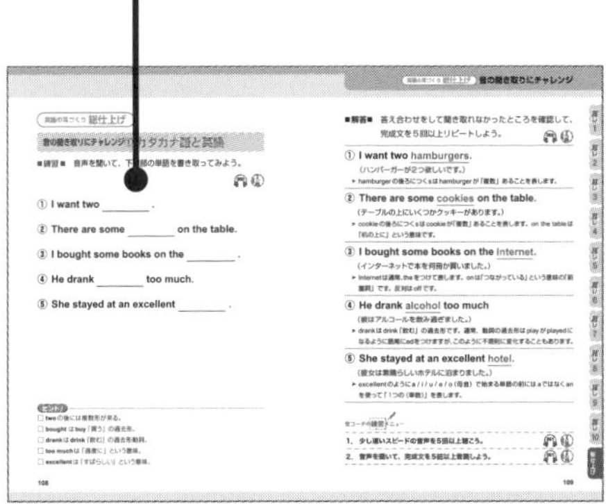

音の聞き取りにチャレンジ

■練習■ 音声を聞いて、下線部の単語を書き取ってみよう。

① I want two ________ .
② There are some ________ on the table.
③ I bought some books on the ________ .
④ He drank ________ too much.
⑤ She stayed at an excellent ________ .

■解答■ 答え合わせをして聞き取れなかったところを確認して、完成文を５回以上リピートしよう。

① I want two hamburgers.
(ハンバーガーが２つ欲しいです。)
② There are some cookies on the table.
(テーブルの上にいくつかクッキーがあります。)
③ I bought some books on the internet.
(インターネットで本を何冊か買いました。)
④ He drank alcohol too much
(彼はアルコールを飲み過ぎました。)
⑤ She stayed at an excellent hotel.
(彼女は素晴らしいホテルに泊まりました。)

108 109

❷ 答え合わせをして自分の弱点を知ろう！

ひととおり書き終わったら、次のページで答え合わせ。この作業で、聞き取れなかった部分＝自分の弱点が把握できます。

❸ 音声のあとについて5回以上音読しよう！

間違えた部分がどんなふうに聞こえるのかを特に意識しながら、音声の後について5回以上、音読します。舌や唇の動きを意識しながら、音声をできる限りまねしましょう。

❹ ポーズなしの音声を5回以上聞こう！

ポーズなしの音声を5回以上聞きます。日本語とはまったく違う発音、アクセント、イントネーションを耳に焼き付けるつもりで念入りに！

実践編

８つの場面を取り上げ、よく使われる単語やフレーズ、会話を紹介します。

▶聞き取り練習１

音声を聞いて単語を聞き取ろう！
それぞれのシチュエーションでよく使われる10 個の重要な単語を音声で聞いて書き取ってみましょう。解答は次のページにあります。聞き取り、リピーティング、音読を５回以上やってみましょう。

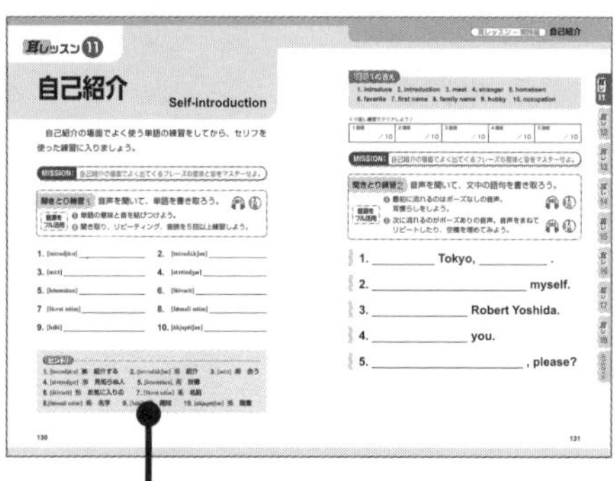
耳レッスン11

自己紹介 Self-introduction

自己紹介の場面でよく使う単語の練習をしてから、セリフを使った練習に入りましょう。

1. ______ 2. ______
3. ______ 4. ______
5. ______ 6. ______
7 ______ 8. ______
9. ______ 10. ______

1. introduce 2. introduction 3. meet 4. stranger 5. hometown 6. favorite 7. first name 8. family name 9. hobby 10. occupation

聞きとり練習２ 音声を聞いて、文中の語句を書き取ろう。

1. ______ Tokyo, ______ .
2. ______ myself.
3. ______ Robert Yoshida.
4. ______ you.
5. ______ , please?

130 131

どうしても聞こえにくい語句があった場合などは、この「ヒント」欄を活用！発音記号を見ながら音声を聞いて、語句を導き出していきましょう。

▶聞き取り練習２

音声を聞いて語句を書き取ろう！
最初に「ポーズなしの音声」を聞いて耳慣らしをします。次に流れる「ポーズありの音声」を聞いて空欄を埋めましょう。

聞き取り練習２の解答と解説です。学習の手順は、前ページの基礎編「音の聞き取りにチャレンジ」を参照してください。

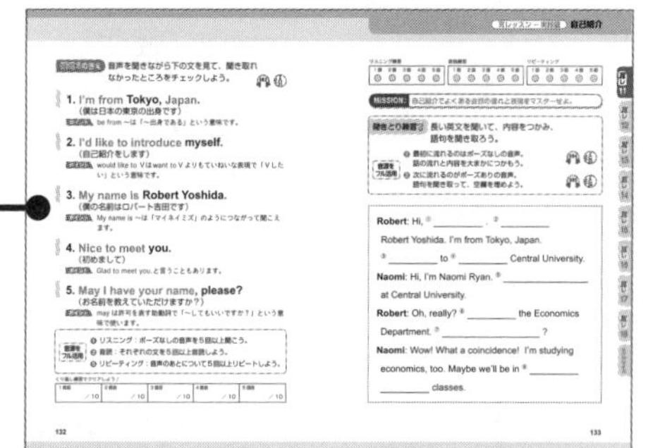
自己紹介

音声を聞きながら下の文を見て、聞き取れなかったところをチェックしよう。

1. I'm from Tokyo, Japan.
（僕は日本の東京の出身です）
be from ～は「～出身である」という意味です。

2. I'd like to introduce myself.
（自己紹介をします）
would like to Vはwant to Vよりもていねいな表現で「Vしたい」という意味です。

3. My name is Robert Yoshida.
（僕の名前はロバート吉田です）
My name is ～は「マイネイミズ」のようにつながって聞こえます。

4. Nice to meet you.
（初めまして）
Glad to meet you.と言うこともあります。

5. May I have your name, please?
（お名前を教えていただけますか？）
mayは許可を表す助動詞で「～してもいいですか？」という意味で使います。

❶ リスニング：ポーズなしの音声を５回以上聞こう。
❷ 音読：それぞれの文を５回以上音読しよう。
❸ リピーティング：音声のあとについて５回以上リピートしよう。

聞きとり練習３ 長い英文を聞いて、内容をつかみ、語句を聞き取ろう。

Robert: Hi, ① ______ . ② ______ Robert Yoshida. I'm from Tokyo, Japan. ③ ______ to ④ ______ Central University.
Naomi: Hi, I'm Naomi Ryan. ⑤ ______ at Central University.
Robert: Oh, really? ⑥ ______ the Economics Department. ⑦ ______ ?
Naomi: Wow! What a coincidence! I'm studying economics, too. Maybe we'll be in ⑧ ______ ______ classes.

132 133

▶聞き取り練習３

❶ 音声を聞いて空欄に入る英文を書き取ろう！

続いて、長い文章に挑戦。音声を聞いて、空欄に入る言葉を聞こえたとおりに書き取ってみましょう。フレーズごとに、書き取り用のポーズをとっています。途中で音声を止めたり戻したりしてもかまいません。

❷ 自分が書いた英文と照合しよう！

ページをめくると英文のスクリプトがあります。自分が書き取った英文と正解文とを見比べて、赤ペンで間違いを直しましょう。

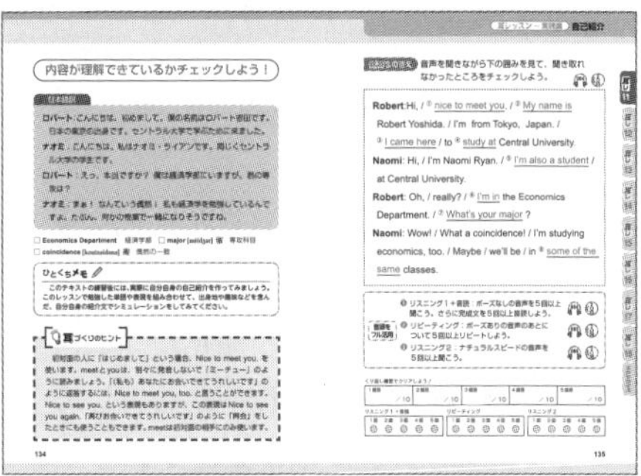

❸ 内容が理解できているかチェックしよう！

和訳を参照して意味の分からなかった部分や単語など、ここできちんと把握しましょう。「ひとくちメモ」「リスニング　ワンポイントアドバイス」では、リスニングやディクテーションの力をアップさせる、さまざまなコツを安コーチが伝授します。

※各レッスンでの掲載順は、和訳チェック（❸）、答え合わせ（❷）のようになっていますが、数字の順に学習を進めてください。

❹ 直した英文を見ながらポーズなし音声を聞こう！

修正した英文を見ながら、ポーズなしの音声を聞きましょう。間違えた部分を強く意識し、文字と音声がしっかりかみ合うまで何回でも聞きましょう。この作業を通して、間違った音のとらえ方から正しい音のとらえ方へと変化していきます。

❺ ネイティブスピーカーになりきって音読しよう！

ポーズありの音声に続いて、ネイティブスピーカーになりきって何度も音読しましょう。最初は、／で区切られた英語のかたまり（＝意味グループ）ごとに書かれた日本語訳を参考にしながら、左から右へ、英語をそのまま理解する方法を身に付けましょう。
（「実践編」では、②の答え合わせと⑤の音読トレーニングは、ひとつの英文にまとめられています）

❻ ナチュラルスピードの音声を聞いてみよう！

会話文の最後のトラックには、ナチュラルスピードで読まれた音声が収録してあります。最低3 回は通して聞いてみてください。

▶ 復習エクササイズ　p.178 ～ 186

基礎編・応用編それぞれの要素を総合的に盛り込んだミニテストです。短文のディクテーション、パッセージ・会話のディクテーションという流れになっています。自分がどこまで上達したか、学習の成果をここで確認してみてください。

▶ 発音のまとめ　p.187 ～ 191

日本人が特に苦手とする、17個の英語特有の発音を、それぞれ4つの単語を例に挙げてわかりやすく解説しました。発音記号とそれがどんな音を意味しているのか、例の単語を通じてしっかり把握しましょう。

音声ダウンロードのしかた

STEP 1 弊社ウェブサイトの商品ページにアクセス! 方法は次の 3 通り!

① QRコードを読み取ってアクセス。

②弊社ホームページで商品名を検索

Ｊリサーチ出版のホームページ（https://www.jresearch.co.jp/）にアクセスして、「キーワード」に書籍名を入れて検索。

③ URL を直接入力

https://www.jresearch.co.jp/book/b615520.html を入力してアクセス。

STEP 2 ページ内にある「音声ダウンロード」ボタンをクリック!

STEP 3 ユーザー名「1001」、パスワード「25823」を入力!

STEP 4 学習スタイルに合わせた方法でお聴きください! 音声の利用方法は2通り!

1 「音声ファイル一括ダウンロード」より、ファイルをダウンロードして聴く。

2 ▶ボタンを押して、その場で再生して聴く。

※ダウンロードした音声ファイルは、パソコン・スマートフォンなどでお聴きいただくことができます。

音声ダウンロードについてのお問合せ先：
toiawase@jresearch.co.jp（受付時間：平日9時～18時）

安コーチの耳レッスン

基礎編　英語の音を知ろう！

さっそくトレーニングをはじめましょう。

英語には、英語特有の音声的な特徴があります。それは裏を返すと、わたしたち日本人にとって馴染みがなく、聞き取りにくい音でもあるわけです。この基礎編では、そういった英語特有の音声を10の項目に分け、1つ1つ克服していけるような説明とトレーニングを盛り込んであります。聞いて、書いて、読んで……英語の耳への第一歩を踏み出しましょう！

耳レッスン 1

カタカナ語と英語

英語本来の音をつかむ

日本人にとって英語を聞き取るのを大変難しくしている原因の1つは、日本語と英語の音声システムが大きく異なっていることです。日本語にはコーヒーやインターネットなどの英語から来たカタカナ語が数多くありますが、そのまま読んでも英語としては伝わりません。まずは、英語の音を聞いて、まねる（学ぶ）ことから始めましょう。

音の強弱

少し短めの単語から始めてみましょう。発音ももちろん大切ですが、英語の単語には強く発音する場所がありますから、音声をよく聞いてリピートしてみましょう。

➡よく聞いて、まねして発音してみよう

① **coffee** [kɔ́ːfi] 名 コーヒー　② **hotel** [houtél] 名 ホテル

③ **potato** [pətéitou] 名 ポテト　④ **beer** [biə] 名 ビール

英語 の リズム

英語を上手に聞き取れるようになるためには、まずは、日本語読みを矯正することがとても大切です。日本語は平坦に読まれますが、英語では強く発音するところと弱く発音するところが明確に分かれていて、言葉にリズムを持たせることがよくあります。

➡よく聞いて、まねして発音してみよう

① **pattern** [pǽtərn] 名 パターン　② **cocoa** [kóukou] 名 ココア

③ **alcohol** [ǽlkəhɔ̀l] 名 アルコール　④ **vodka** [vɔ́dkə] 名 ウォッカ

日本語 と 異なる表現

例えば、gas station「ガソリンスタンド」のようにカタカナ語の中には、日本語と英語が全く異なるものがあります。パソコンはpersonal computerの略ですが、「パソコン」と読んでも通じません。一般的にcomputerと言います。読むときはローマ字読みにならないように、強く発音するところなどをまねして、恥ずかしがらずに声に出してみましょう。

➡よく聞いて、まねして発音してみよう

① **gas station** [gǽs stéiʃən] 名 ガソリンスタンド

② **personal computer** [pə́ːrsənəl kəmpjúːtər] 名 パソコン

リピート練習 カタカナ語と英語

音の強弱

カタカナ語とは全く異なる強弱や音がある。英語本来の音を聞き取ることが大切。音声に続いてリピートしよう。 003 1 03

① **garage**
[gəráːʒ] 名 ガレージ

② **tomato**
[təméitou] 名 トマト

③ **vaccine**
[væksíːn] 名 ワクチン

④ **image**
[ímidʒ] 名 イメージ

⑤ **piano**
[piǽnou] 名 ピアノ

⑥ **calendar**
[kǽləndər] 名 カレンダー

⑦ **kangaroo**
[kæ̀ŋgərúː] 名 カンガルー

⑧ **spaghetti**
[spəgéti] 名 スパゲッティ

⑨ **Internet**
[íntərnèt] 名 インターネット

⑩ **hamburger**
[hǽmbə̀ːrgər] 名 ハンバーガー

⑪ **sandwiches**
[sǽn(d)wɪtʃ] 名 サンドイッチ

⑫ **orchestra**
[ɔ́ːrkəstrə] 名 オーケストラ

⑬ **energy**
[énərdʒi] 名 エネルギー

⑭ **pattern**
[pǽtərn] 名 パターン

⑮ **heroine**
[hérouən] 名 ヒロイン

⑯ **cookie**
[kúki] 名 クッキー

⑰ **Argentina**
[ɑ́rdʒəntiːnə] 名 アルゼンチン

⑱ **plastic bottle**
[plǽstik bɑ́tl] 名 ペットボトル

⑲ **microwave**
[máikrəweiv] 名 (電子) レンジ

⑳ **part-time job**
[pɑ́rt táim dʒɑb] 名 アルバイト

リピーティング

耳づくりのヒント

英語本来の発音がカタカナ語とは全く違った音に聞こえて、意外だなと思ったものも多いかもしれません。リピート練習で学んだように、単語に抑揚があったり、スペルにあっても発音しない音があったりするのですね。日本語のようにそのまま平坦に読んでしまうと伝わらないということが起こってしまいます。最初は違和感があるかもしれませんが、繰り返し聞いて、それぞれの音に慣れていってくださいね。

耳レッスン❷

アの音にはいろいろある

「hat」「hut」「hot」とその他のタイプ

日本語の「ア」に近い音は、英語では4つの種類があります。例えばhat / hut / hot / Japan（1つめのa）の音は、すべて異なるのです。最初から完璧には聞き分けられないかもしれませんが、どのような音があるのかを確認していきましょう。

hat の タイプ

hatは日本語的に発音すると「ハット」ですが、英語の発音記号は [hǽt] となります。この [ǽ] の音は日本語の「エ」と「ア」の中間に当たる音で、つづり字のaの上にアクセントが置かれた場合、この音になります。

➡よく聞いて、まねして発音してみよう

① **hat** [hǽt] 名 帽子
② **cat** [kǽt] 名 猫
③ **angry** [ǽŋgri] 形 怒って
④ **dance** [dǽns] 名 踊り

hut の タイプ

hutも日本語的に発音すると「ハット」ですが、[hʌ́t] と発音します。この [ʌ́] の音は、驚いたときに出すような短い「ア」です。

つづり字のoやuの上にアクセントがあり、それを日本語の「ア」に近い音で読みたい場合は、この音になります。

➡よく聞いて、まねして発音してみよう

① **hut** [hʌ́t] 名 小屋　② **cut** [kʌ́t] 動 切る

③ **love** [lʌ́v] 名 愛　④ **monkey** [mʌ́ŋki] 名 猿

hot の タイプ

hotは、日本語的に発音すると「ホット」と読みますが、発音記号では [hát] となります（アメリカ英語）。この [á] は日本語の「ア」よりも口を大きく開けるようイメージすると良いでしょう。

➡よく聞いて、まねして発音してみよう

① **hot** [hát] 形 暑い　② **pond** [pánd] 名 池

③ **top** [táp] 名 頂上　④ **box** [báks] 名 箱

その他 の タイプ

adviceのようにアクセントのないaは [ə] と読まれます。全く力の入らない弱い音です。ir / er / ur / or / earなどのつづりの場合はこの音を伸ばして [əːr] と読むことが多いです。

➡よく聞いて、まねして発音してみよう

① **advice** [ədváis] 名 忠告　② **adjust** [ədʒʌ́st] 動 調整する

③ **pearl** [pə́ːrl] 名 真珠　④ **girl** [gə́ːrl] 名

リピート練習1 「ア」の音をつかむ①

hat [æ] タイプと hut [ʌ] タイプ

[æ] は「エ」と「ア」の中間に近く、[ʌ] は驚いたときに出すような短い「ア」です。音声に続いてリピートしよう。 005 1 05

① **hat**
[hǽt] 名 帽子

hut
[hʌ́t] 名 小屋

② **mad**
[mǽd] 形 気が狂って、怒って

mud
[mʌ́d] 名 泥

③ **sang**
[sǽŋ] 動 歌う [singの過去形]

sung
[sʌ́ŋ] 動 [singの過去分詞形]

④ **angry**
[ǽŋgri] 形 怒った

hungry
[hʌ́ŋgri] 形 空腹の

⑤ **cut**
[kʌ́t] 動 切る

cat
[kǽt] 名 ネコ

⑥ **butt**
[bʌ́t] 名 切れ端

bat
[bǽt] 名 こん棒

⑦ **cap**
[kǽp] 名 野球帽

cup
[kʌ́p] 名 カップ

⑧ **tumble**
[tʌ́mbl] 名 転倒

sample
[sǽmpl] 名 サンプル

⑨ **tramp**
[trǽmp] 動 激しく踏みつける

trump
[trʌ́mp] 名 （トランプの）切り札

⑩ **touch**
[tʌ́tʃ] 動 触れる

thatch
[θǽtʃ] 名 （わらのような）草

耳づくりのヒント

Japanという単語にはaという文字が2つ出てきています。このJapanは「後ろのa」を強く言います。これは今回学習したhatのa同じ音で［æ］という音になります。また最初のaの音はadviceと同じく［ə］と発音記号で表される音で発音します。日本語で、がっかりしたときなどに「あ～」というような「脱力」したときに出す音によく似ていると考えてるといいでしょう。いずれにしても、この最初のaの発音は「脱力」するわけですから、強く読まれることはありません。

リピート練習2 「ア」の音をつかむ②

hot [ɑ] タイプと hurt [ə] タイプ

[ɑ] は日本語の「ア」よりも口を大きく開けるイメージで、[ə] は力の入らない音。音声に続いてリピートしよう。 006 1 06

① **heart**
[hɑ́ːrt] 名 心臓

hurt
[hə́ːrt] 動 傷つける

② **hot**
[hɑ́t] 形 暑い、熱い

hat
[hǽt] 名 帽子

③ **top**
[tɑ́p] 名 頂上

tap
[tǽp] 名 蛇口

④ **girl**
[gə́ːrl] 名 女の子

gal
[gǽl] 名 女の子、ギャル

⑤ **far**
[fɑ́r] 副 遠くに

fur
[fə́ːr] 名 毛皮

⑥ **sharp**
[ʃɑ́rp] 形 鋭い

shirt
[ʃə́ːrt] 名 シャツ

⑦ **dart**
[dɑ́rt] 名 ダーツ

dirt
[də́ːrt] 名 土、泥

⑧ **hard**

[hárd] 副 一生懸命に

heard

[hə́ːrd] 動 聞く［hearの過去形］

⑨ **Carl**

[kɑ́ːrl] 名 カール（人名）

curl

[kə́ːrl] 名 巻き毛

⑩ **star**

[stɑ́r] 名 星

stir

[stə́ːr] 動 かき回す

リピーティング

耳づくりのヒント

　このレッスンでは、「ア」の音を学習するというテーマで学習しました。単語の中で使われているアルファベットと発音の関係性も取り入れながら学ぶと、理解もより深まるのではないでしょうか。一方で、こうしたアルファベットと発音の関係性をルールにして発音をまとめていくことはとても大切ですが、せっかく理解したルールも使っていかなければ宝の持ち腐れです。実際に音を聞いて、自分でまねして読んで練習することがとても大事です。

耳レッスン 3

英語のさまざまな子音

LとR BとV FとH

英語の子音の中には、日本語とかけ離れたものがあり、英語の聞き取りを難しくしています。子音の発音は多くの場合、単語のつづりと対応しています。

LとRの発音

LとRの区別は、私たち日本人にとってとても難しいとされている発音の一つですが、ここでしっかり練習してみましょう。Lは、舌先を歯の裏側につけて発音します。一方でRは、唇を丸め舌の先がどこにも触れないようにして「アールゥ」と発音します。

➡よく聞いて、まねして発音してみよう

① **lock** [lák] 動 鍵を掛ける　**rock** [rák] 名 岩

② **fly** [flái] 動 飛ぶ　**fry** [frái] 動 油で揚げる

BとVの発音

Bは上下の唇を閉じて、お互いの唇を外にはじくように発音します。一方でVの方は、上の歯を下の唇に軽く当て、唇と歯で音の振動を作るように発音します。日本語のバビブベボほどはっきりしない音になります。

➡よく聞いて、まねして発音してみよう

① **berry** [béri] 名 ベリー　**very** [véri] 副 非常に

② **boat** [bóut] 名 ボート　**vote** [vóut] 動 投票する

FとHの発音

Fの発音は、上で学んだVと同じ口の形をします。Fの音は、Vの口の形をしたまま、風を作るように「フ」と読みましょう。Vと違うのは音を振動させずに発音することです。一方で、hの音は、日本語の「ハ行」（「フ」を除く）に近い音になります。

➡よく聞いて、まねして発音してみよう

① **fat** [fǽt] 形 太った　**hat** [hǽt] 名（縁ありの）帽子

② **five** [fáiv] 名 5　**hive** [háiv] 名 ハチの巣

リピート練習1 英語の子音をつかむ①

LとR

LとRの違いで意味が全く違う言葉になります。音と意味をしっかり結びつけましょう。音声に続いてリピートしてください。

① **fly**
[flái] 動 飛ぶ

fry
[frái] 動 油で揚げる・炒める

② **light**
[láit] 形 軽い　名 光

right
[ráit] 形 正しい　名 右

③ **rock**
[rák] 名 岩

lock
[lák] 動 鍵を掛ける

④ **long**
[lɔ́ːŋ] 形 長い

wrong
[rɔ́ːŋ] 形 間違った

⑤ **lead**
[líːd] 動 導く

read
[ríːd] 動 読む

⑥ **load**
[lóud] 名 積み荷

road
[róud] 名 道

⑦ **collect**
[kəlékt] 動 集める

correct
[kərékt] 形 正しい

⑧ **ray** [réi] 名 一筋の光

lay [léi] 動 横にする

⑨ **play** [pléi] 動 遊ぶ

pray [préi] 動 祈る

⑩ **race** [réis] 名 競走

lace [leis] 名 レース（編み物）

リピーティング

耳づくりのヒント

lとrの聞き分けを瞬時に行ったり、実際に自分が発音するときに使い分けたりすることは、私たち日本人にとってとても難しいものです。その理由として、どちらも日本語の「ら・り・る・れ・ろ」の音に近い音で、区別をして使わなければならないということが挙げられるでしょう。lの方は舌を上の歯の付け根につけて「ら・り・る・れ・ろ」と言うようなイメージである一方、rの方は「舌をどこにもつけない」で「ら・り・る・れ・ろ」と言い、少しこもったような音になることを頭に入れて練習してみましょう。

リピート練習2　英語の子音をつかむ②

BとV、FとH

Bは唇をはじく音、VとFは下唇を軽く噛んで、Hは日本語のハ行に近い音です。音声に続いてリピートしてください。

① **boat**　[bóut] 名 ボート
vote　[vóut] 動 投票する

② **bet**　[bét] 動 賭ける
vet　[vét] 名 獣医

③ **berry**　[béri] 名 ベリー（果実）
very　[véri] 副 とても

④ **best**　[bést] 形 最高の
vest　[vést] 名［服の］ベスト

⑤ **base**　[béis] 名 基礎
vase　[véis] 名 花びん

⑥ **fat**　[fǽt] 形 太った
hat　[hǽt] 名 帽子

⑦ **fire**　[fáiər] 名 火
hire　[háiər] 動 雇用する

⑧ **fan** [fǽn] 名 ファン　**van** [vǽn] 名 小型トラック

⑨ **here** [híər] 副 ここに　**fear** [fíər] 名 恐怖

⑩ **fence** [féns] 名 フェンス　**hence** [héns] 副 従って

リピーティング

1回	2回	3回	4回	5回
○	○	○	○	○

耳づくりのヒント

VとFは口の形までは同じでしたが、発音が違うということを説明しました。下唇と上の歯を触れさせて、息だけを出すように発音するのがFの音を出すコツでしたね。一方で、息だけではなく「ヴー」と音を作るのがVの発音になります。どちらも下唇と上の歯を利用して、息を作ります。両手でティッシュを持って、口の前に10センチほど離して広げてみましょう。どちらの音も空気を出す（風を作る）ように発音するので、ティッシュが舞い上がるようになります。のどから音を作ってしまうとティッシュは舞い上がらないはずです。

耳レッスン 4

その他の注意したい母音・子音

日本語にはない音に耳を慣らす

英語には日本語とは異なる母音や子音があります。特に子音の中には、日本語とかけ離れたものがあり、聞き取りを難しくしています。

[ou] と [ɔː]

homeやgoなど、日本語ではつい音を伸ばして読みたくなりますが、英語では [ou] と発音します。このように母音の音が重なったものを二重母音と呼びます。一方でorchestra [ɔ́ːrkəstrə]（オーケストラ）のようにorとつづったり、al / aw / auで「オー」と伸ばしたいときには [ɔː] と読むのがほとんどです。また、arのつづりの前にwを置いたときにも [ɔː] と発音することが多いです。

➡よく聞いて、まねして発音してみよう

① **home** [hóum] 名 家　**go** [góu] 動 行く

② **always** [ɔ́ːlweiz] 副 いつも　**August** [ɔ́ːgəst] 名 8月

[θ] と [ð]

Thank you. のthは [θ] という音ですが、この音を出すには上下の歯で軽く舌を挟んで、日本語の「ス」に近い音を出します。一方で、thereという単語のthの部分は [ð] と読みます。これはthankのときと口の形は同じで、日本語で「ズ」に近い音を出します。つづりがthの音は [θ]、[ð] のどちらかで発音します。

➡よく聞いて、まねして発音してみよう

① **theme** [θíːm] 名 テーマ　**theater** [θíːətər] 名 劇場

② **smooth** [smúːð] 形 滑らかな　**there** [ðər] 名 あそこ

[ʃ] と [s]

shot [ʃát] やshirt [ʃə́ːrt] のようにshの部分は [ʃ] という音で発音します。歯の間から鋭く空気を出しながら、日本語の「シッ」のように発音します。一方で、seeのようなsの音は「さ行」に近い音で発音しますが、seeは完全な「シー」とは少し異なります。「スィー」のように発音します。

➡よく聞いて、まねして発音してみよう

① **she** [ʃi/ʃíː] 名 彼女　**shock** [ʃák] 名 ショック

② **sea** [síː] 名 海　**see** [síː] 動 見る

リピート練習1 [ou]と[ɔː]

[ou] と [ɔː] の違いで意味が違う言葉になるものもある。音と意味をしっかり結びつけるのが大切。音声に続いてリピートしよう。

① **flow** [flóu] 名 流れ
flaw [flɔ́ː] 名 欠点

② **coat** [kóut] 名 コート
caught [kɔ́ːt] 動 捕まえる [catchの過去形、過去分詞形]

③ **boat** [bout] 名 ボート
bought [bɔ́ːt] 動 買う [buyの過去形、過去分詞形]

④ **no** [nóu] 副 いいえ
normal [nɔ́ːməl] 形 通常の

⑤ **so** [sou] 副 だから
saw [sɔ́ː] 動 見る [seeの過去形]

⑥ **total** [tóutəl] 形 全体の
tall [tɔ́ːl] 形 背が高い

⑦ **close** [klóuz] 動 閉める
cloth [klɔ́ːθ] 名 布（生地）

⑧ cold

[kóuld] 形 冷たい

call

[kɔ́ːl] 動 呼ぶ

⑨ low

[lóu] 名 低い

law

[lɔ́ː] 名 法律

⑩ road

[róud] 名 道

abroad

[əbrɔ́ːd] 副 外国に

リピーティング

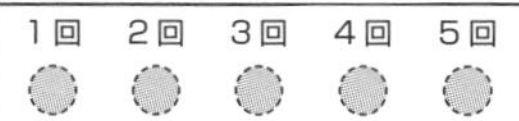

onlyは「オンリー」と読んでしまいがちな単語ですが、このoは、正しくは [ou] と発音します。またnoやgoは、私たち日本人は「ノー」や「ゴー」と伸ばして発音することに慣れていますが、辞書などでアルファベットのoの発音記号を調べてみると、[ou] と表記されていることが分かるはずです。もちろん、oには「伸ばす」音だけではなく、hot [hát] やmonkey [mʌ́ŋki] のように短く発音するパターンもありますから、注意しながら練習してくださいね。

リピート練習2 [θ]、[ð]、[ʃ]、[s]

[θ] か [ð] かは単語によって異なるので覚えてしまうこと。[ʃ] と [s] はつづりが異なる。音声に続いてリピートしよう。

① **sink**
[síŋk] 動 沈む

think
[θíŋk] 動 考える

② **sea**
[síː] 名 海

she
[ʃi/ʃíː] 名 彼女

③ **mouse**
[máus] 名 ネズミ

mouth
[máuθ] 名 口

④ **sheer**
[ʃíər] 形 完全な

there
[ðər] 副 そこに

⑤ **sell**
[sél] 動 売る

shell
[ʃél] 貝殻

⑥ **seem**
[síːm] 動 見える

theme
[θíːm] 名 テーマ

⑦ **sank**
[sǽŋk] 動 沈む
[sinkの過去形、過去分詞形]

thank
[θǽŋk] 動 感謝する

⑧ **sick**

[sík] 形 病気の

thick

[θík] 形 厚い

⑨ **though**

[ðóu] 接 …だけれども

thought

[θɔ́ːt] 動 考える

[thinkの過去形、過去分詞]

⑩ **show**

[ʃóu] 動 見せる

saw

[sɔ́ː] 動 見る

[seeの過去形、過去分詞形]

リピーティング

1回	2回	3回	4回	5回
○	○	○	○	○

耳づくりのヒント

今回、theme「テーマ」という単語を学習しました。theの音で「テ」と読むものはありません。例えば、「美容の」を表すestheticは、「エステ」という日本語にもなっている単語ですが、これはフランス語の読みを用いたもので、英語の発音ではありません。英語では [esθétik] と発音することを覚えておいてください。これまでにも学習したように、theは濁って「ゼ」に近い音になるか、濁らずに「セ」に近い音になるか、いずれかです。この単語の場合は濁らずに読んでください。

耳レッスン 5

アクセント

語尾のつづり字とアクセントの関係

英語の単語には強く読むところと弱く読むところがあります。強く読むところをアクセントと呼び、その位置はつづりや品詞と関係性のあるものがあります。英語らしい音の強弱の感覚をつかみながら、「つづり」と「アクセント」の関係を学びましょう。

-ic/-ical/-ion/-ian/-ity と アクセント

-ic / -ical / -ion / -ian / -ityで終わる単語は、その1つ前の母音を強く読むというルールがあります。例えば、musician [mjuzíʃən]（音楽家）は、最初のiを強く読むということですね。

➡よく聞いて、まねして発音してみよう

① **academic** [ækədémik] 形 学問的な

② **technological** [tèknəládʒikəl] 形 技術的な

③ **conversation** [kànvərséiʃən] 名 会話

④ **curiosity** [kjùriásəti] 名 好奇心

-ental/-ology と アクセント

-ental / -ology で終わる単語は、-entalのe、-ologyの最初の

oを強く読むというルールがあります。-ologyは「学問」という意味を持つ言葉です。

➡よく聞いて、まねして発音してみよう

① **Oriental** [ɔ̀ːriéntl] 形 東洋の

educational [èdʒukéiʃənəl] 形 教育の

② **biology** [baiɑ́lədʒi] 名 生物学

technology [teknɑ́lədʒi] 名 技術

-ee-/-oo- と アクセント

-ee- / -oo-のようなつづりが含まれている部分のアクセントは、このeeやooにアクセントが置かれます。employee や shampoo などが例です。一方で、coffee [kɔ́ːfi]「コーヒー」や committee [kəmíti]「委員会」のような単語は例外で、oやiにアクセントがあります。また、Hawaiiのようにeとo以外の母音を表す字が並んでいるものも、このルールは応用できません。Hawaiiのアクセントは2つめのaの上にあります。

➡よく聞いて、まねして発音してみよう

① **employee** [èmplɔíː] 名 従業員

engineer [èndʒiníər] 名 技術者

② **shampoo** [ʃæmpúː] 名 シャンプー

foolish [fúːliʃ] 形 愚かな

リピート練習1 -ic/-ical/-ion/-ian/-ity

これらの語尾を持つ語は、その１つ前の母音を強く読むというルールがある。音声に続いてリピートしよう。 014 1 14

① academic

[ækədémik] 形 学問的な

② scientific

[sàiəntífik] 形 科学的な

③ technological

[tèknəládʒikəl] 形 技術の

④ discussion

[diskʌ́ʃən]] 名 議論

⑤ diversity

[dəvə́ːrsəti] 名 多様性

⑥ technical

[téknikəl] 形 専門的な

⑦ education

[èdʒukéiʃən] 名 教育

⑧ liberty

[líbərti] 名 自由

⑨ fantastic

[fæntǽstik] 形 素晴らしい

⑩ political

[pəlítikəl] 形 政治的な

リピーティング

アクセントと英単語のつづりにはとても密接な関係があることを学習しました。アクセントを理解する上ではとても役に立つルールですね。ですが、こうしたルールはいつも万能であるとは限らないのです。例えば、lunatic「愚かな、ばかげた」という単語は、ルールに合わせると-icの１つ前の母音のaにアクセントがあることになりますね。ところが、この単語は [lúːnətik] のようにuを強く読むのです。まさに「そんなばかな…」と思われるかもしれませんが、実際の音を聞きながら練習することが何より大切なのですね。

リピート練習2 -ental/-ology/-ee-/-oo-

-entalのe、-ologyの最初のo、-ee-や-oo-にアクセントを置くというルールがある。音声に続いてリピートしよう。 015 1 15

① **Oriental**

[ɔ̀ːriéntl] 形 東洋の

② **psychology**

[saikálədʒi] 名 心理学

③ **environmental**

[envàiərənméntəl] 形 環境の

④ **employee**

[èmplɔíː] 名 従業員

⑤ **fundamental**

[fʌ̀ndəméntl] 形 根本的な

⑥ **geology**

[dʒiálədʒi] 名 地質学

⑦ **kangaroo**

[kæ̀ŋgərúː] 名 カンガルー

⑧ engineer

[èndʒiníər] 名 エンジニア

⑨ biology

[baiálədʒi] 名 生物学

⑩ shampoo

[ʃæmpúː] 名 シャンプー

耳づくりのヒント

本書には発音や音の強弱（アクセント）をしっかり学習するという目的があるわけですが、英単語の語尾の情報を活用すると、アクセントのヒントになるだけでなく、「品詞」や「意味」を決定する情報も盛り込まれていることがあります。例えば、-entalのように-alで終わっている単語は「形容詞」になることを教えてくれているのです。また、-ologyは「学問、専門分野」を表しているのです。こうした規則性も利用して、「発音やアクセント」だけでなく、「単語の知識」も一気に身につけていきたいですね。

耳レッスン 6

数字の読み方

英語の単位を頭に入れて考える

数字も英語を聞いてそのまま理解しなければなりません。特に大きな数字は日本語の単位と英語の単位でズレがありますから、日本語に置き換えるのは効率がよくありません。ここでは、数字を正しく理解する方法について学びましょう。

-teen と -ty

-teenは「ティーンエイジャー」という日本語もあるように、13（thirteen）から19（nineteen）で使われます。[tíːn] と伸ばして読みます。-tyは、20（twenty）から90（ninety）までに使われます。-tyは-teenに比べて短く読まれます。

➡よく聞いて、まねして発音してみよう

① **fifteen** [fìftíːn] 名 15　**fifty** [fífti] 名 50

② **seventeen** [sèvəntíːn] 名 17　**seventy** [sévənti] 名 70

大きな 数字 は 3けた ずつ

例えば「345」は、three hundred and forty-fiveとなります。hundredは100なのでthree hundredで300です。Three hundredとforty-fiveの間のandはなくても大丈夫です。

それ以上の大きな数字、例えば「4億6千万、つまり460,000,000」はなんと言えばいいのでしょうか。英語では、four hundred and sixty millionです。3けたごとに置かれているカンマ（,）のところで3けたの数字を言って、その後にmillion（100万）、thousand（千）をつけて表せばいいのです。

➡よく聞いて、まねして発音してみよう

① **23,500** ▶ Twenty-three thousand and five hundred

② **15,060,000** ▶ Fifteen million and sixty thousand

その他の 数字

少数は、pointという単語を使い、例えば「7.8」であればseven point eightと読まれます。また年代は、例えば「1985年」はnineteen eighty-fiveのように前の2けたと後ろに2けたに分けて読まれます。「2020年」のように2000年以降の年代は、two thousand twentyのように読まれることが多いです。

➡よく聞いて、まねして発音してみよう

① **5.6** ▶ five point six　**0.3** ▶ (zero) point three

② 年 **1998** ▶ nineteen ninety-eight

リピート練習1

-teen / -tyと3けた以上の数字の読み方

-teen、-tyの音の違い、3けた以上の数字の読み方のルールをしっかり頭に入れて、音声に続いてリピートしよう。 017 1-17

① **13** thirteen **30** thirty

② **18** eighteen **80** eighty

③ **72** seventy-two **172** one hundred (and) seventy-two

④ **103** one hundred (and) three

130 one hundred (and) thirty

⑤ **510** five hundred (and) ten

150 one hundred (and) fifty

⑥ **93** ninety-three **193** one hundred (and) ninety-three

⑦ **214** two hundred (and) fourteen

241 two hundred (and) forty-one

⑧ **1,251** one thousand two hundred (and) fifty-one

100,251 one hundred thousand two hundred (and) fifty-one

⑨ **124,261** one hundred twenty-four thousand two hundred (and) sixty-one

1,204,261 one million two hundred four thousand two hundred (and) sixty-one

⑩ **300,000,000** three hundred million

30,000,000,000 thirty billion

耳づくりのヒント

私自身が英語の勉強に夢中になっていた10代や20代の頃、英語の数字が日本語を介さずに理解できるようになることと、卵料理が英語で言えるようになったら（例えば「卵焼き」「目玉焼き」「スクランブル」などの卵の調理方法を区別して注文できたら）一人前という話を聞いて、一生懸命練習したことがあります。大切なことは、電話番号のように一つ一つ数字を聞き取る場合にも、年号や大きな数字を聞き取る場合にも、数字を日本語に変換するのではなく、英語からそのまま数字を思い浮かべる力をつけることです。

リピート練習2 小数や年号の読み方

小数はpointを用い、年号は前後半に分けて読むというルールがある。音声に続いてリピートしよう。 018 1 18

① **1.3** one point three **3.1** three point one

② **11.4** eleven point four **4.11** four point one one

③ **0.35** (zero) point three five **0.53** (zero) point five three

④ **123.11** one hundred twenty-three point one one

132.12 one hundred thirty-two point one two

⑤ **4.542** four point five four two

4.452 four point four five two

⑥ 年 **1933** nineteen thirty-three

年 **1913** nineteen thirteen

⑦ 年 **1878** eighteen seventy-eight

年 **1787** seventeen eighty-seven

⑧ 年 **2001** two thousand one／twenty oh one

年 **2010** two thousand ten／twenty ten

⑨ 年 **2014** two thousand fourteen

年 **2041** twenty forty-one

⑩ 年 **645** six hundred forty-five

年 **654** six hundred fifty-four

リピーティング

耳づくりのヒント

年号にはいくつかの読み方があります。基本的には、これまで学習したように「前の2けた」と「後ろの2けた」を続けて読むというのが一般的ですが、例えば2001年は、two thousand（and）oneやtwenty oh oneのような読み方をします。後者のohというのは「数字の0」を表しているのですね。また、2000年のように000が3つあるようなときには、the year two thousandのようにthe yearをつけて読まれることもあります。また、実際に英文を書くときには、in 1985やin the year 2000のように数字を使って記すことが一般的です。

耳レッスン 7

短縮形の発音

be動詞や助動詞、notの短縮形

I am [ái əm] のような、主語＋be動詞の形は、短縮されてI'm [áim] となることがあります。このときには、発音も詰まって聞き取りにくくなるので練習が必要です。ほかにもdo not [du nɑt] がdon't [dóunt] になるような、助動詞 notの短縮形など、さまざまな短縮形があります。

be動詞 の 短縮形

be動詞の短縮形には、主語とbe動詞が短縮形を作るパターンとbe動詞とnotが短縮形を作るパターンがあります。例えば、He is not a lawyer. という文ではHe's not a lawyer. と、He isn't a lawyer. の２種類が考えられるということです。

➡よく聞いて、まねして発音してみよう

① **I am → I'm** [áim]　　**we are → we're** [wí(ː)ər]

② **is not → isn't** [íznt]　　**are not → aren't** [ɑ́rnt]

主語 ＋ 助動詞 の 短縮形

主語と助動詞も短縮形が使われることが多くあります。助動詞はcanやwillのようなものだけではなく、一般動詞を否定するときに使う、do / does / didや完了形時制で使われるhaveやhadも助動詞です。

➡よく聞いて、まねして発音してみよう

① **I will → I'll** [áil] **I would → I'd** [aid]

② **We have → We've** [wiv] **She has → She's** [ʃíːz]

③ **I had → I'd** [aid] **They had → They'd** [ðéid]

助動詞 ＋ not を使った 短縮形

助動詞＋notの部分でも短縮形が使われることがあります。例えばcannot は can'tとなります。

➡よく聞いて、まねして発音してみよう

① **will not → won't** [wóunt]
should not → shouldn't [ʃúdnt]

② **do not → don't** [dóunt]
does not → doesn't [dʌ́znt]
did not → didn't [dídnt]

リピート練習1 be動詞の短縮形

be動詞の短縮形を覚えよう。否定形になるときの形にも注意して、音声に続いてリピートしよう。 020 1 20

① **was not** [wʌ́z nɑt] **wasn't** [wʌ́znt]

② **I am** [ái əm] **I'm** [áim]

③ **you are** [júː ɑːr] **you're** [júər]

④ **were not** [wər nɑt] **weren't** [wə́ːrnt]

⑤ **he is** [híː iz] **he's** [híːz]

⑥ **we are** [wíː ər] **we're** [wí(ː)ər]

⑦ **they aren't** [ðéi ɑ́rnt]
they're not [ðɛ́ər nɑt]

⑧ **she's not** [ʃíːz nɑt] **she isn't** [ʃi íznt]

⑨ **you aren't** [júː ɑ́rnt] **you're not** [júər nɑt]

⑩ **there's not** [ðerz nɑt] **there isn't** [ðər íznt]

リピーティング

1回	2回	3回	4回	5回
○	○	○	○	○

耳づくりのヒント

be動詞の短縮は、ここまで見てきたように、いくつかのパターンがあります。前のページでは紹介できませんでしたが、be動詞の短縮には、there's（= there is）やthere're（= there are）というものもあります。there is ～ や there are ～は、「～がある、～がいる」という存在を表す文を作ることができます。これらの表現も含めてですが、be動詞は短縮されることが非常に多い単語の一つです。一つ一つの音がどのように省略されているのかを聞き取る練習をしっかり行ってください。

リピート練習2 助動詞の短縮形

助動詞の短縮形を覚えよう。否定形になるときの形にも注意して、音声に続いてリピートしよう。 021 1 21

① **I would** [ái wəd] **I'd** [áid]

② **do not** [du nɑt] **don't** [dóunt]

③ **will not** [wəl nɑt] **won't** [wóunt]

④ **she has** [ʃi həz] **she's** [ʃiz]

⑤ **they will** [ðéi wəl] **they'll** [ðéil]

⑥ **we did not** [wi díd nɑt]
we didn't [we dídnt]

⑦ **I have** [ái həv] **I've** [áiv]

⑧ **you haven't** [ju hǽvənt]
you've not [juv nɑt]

⑨ **he does not** [hi dəz nɑt]
he doesn't [hi dʌ́znt]

⑩ I cannot [ái kǽnɑt]　I can't [ái kǽnt]

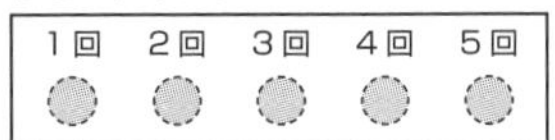

　助動詞もbe動詞と同様に短縮されることが多い品詞の一つです。例えば、I'dという音は、I had（このhadは動詞ではなくhad＋Vpp［過去完了形］の中で使われる助動詞）の短縮形です。また一方で、I wouldの短縮形としても使われることがあります。この短縮形の難しいところは、この音だけを聞き取れたとしても、hadとwouldのどちらの短縮形かを判断することはできないことです。その場合には、全体の意味や構造（文法ルール）も合わせて理解しなければならないのです。いろいろな角度から英語を学ぶ重要性を教えてくれる表現なのかもしれませんね。

耳レッスン 8

音の連結と変化

022 CD1 22

単語と単語の結びつきで音が変わる

それぞれの単語は知っているのに、英文を聞いていると全く違う音に聞こえてしまうことがあります。これらは「単語」と「単語」が結びついたり、それによって「音の化学反応」が起こったり、全く違った音に変化してしまうことが原因なのです。

t＋母音 ／ d＋母音

get outの音は、getの最後の文字のtとoutのouのような母音がつながると「ゲラウ」のように聞こえます。同様にreadの最後の文字のdとitのiのような母音がつながると「リーディ」のように聞こえます。前の単語の最後がt / dで終わり、次の単語の最初が母音の場合、音が変化してしまうのです。

➡よく聞いて、まねして発音してみよう

① **get out** 出て行く　**put off** 延期する

② **read it** それを読む　**find out** 見つける

子音 ＋ you

youの音も前のさまざまな子音に影響を受けて変化してしまう

単語の代表例です。例えば、Would you ～？では「ウッジュー」のように聞こえます。また、miss youでは「ミシュー」のように聞こえます。

➡よく聞いて、まねして発音してみよう

① **would you** ～していただけますか

② **could you** ～していただけますか

③ **miss you** あなたが恋しい

④ **meet you** あなたに会う

その他の 子音 ＋ 母音

t＋母音やd＋母音のパターン以外にも、前の単語の最後の音が子音で、次の単語の最初が母音の場合には、音の変化が起こります。またpick it upのよう３語の場合も、最初のkとiで連結し、次のtとuで連結を起こすということがあります。この場合は「ピッキラ」のように聞こえるのです。

➡よく聞いて、まねして発音してみよう

① **work out** 成し遂げる　**keep in touch** 連絡を保つ

② **check it out** それをチェックする

first of all まず第一に

リピート練習1 -t / -dと母音

-t / -dの音で終わる単語に母音が続くときの音の連結に注意して、音声に続いてリピートしよう。 023 1 23

① **got out of** She got out of the office.

彼女はオフィスから出て行きました。

② **put off** We put off the meeting.

私たちは会議を延期しました。

③ **shut up** Shut up, please.

黙っていてください。

④ **find out** He can find out the solution.

彼は解決策を見つけることができる。

⑤ **taste it** Please taste it.

どうぞ食べてください。

⑥ **kind of** This is a kind of bird.

これは鳥の一種です。

⑦ **repeat it** Could you repeat it?

それを繰り返していただけますか？

⑧ **write a** Let's write a letter to Tom.

トムに手紙を書きましょう。

⑨ Good afternoon Good afternoon, everyone.

皆さん、こんにちは。

⑩ right angle This is a right angle.

これはふさわしい角度です。

リピーティング

ここでは、単語と単語が結びついて、全く違った単語のように聞こえてしまうという例を練習しています。この「音の化学反応」が、3つの単語、4つの単語で連続して起きることもあり、それこそが「何を言っているのか聞き取れない」大きな理由の一つだと言えそうです。例えばリピート練習の①のgot out of では、got outとout ofがそれぞれtとoで連結しているため、「ゲラウロヴ」のように聞こえてしまうのですね。こうした音の連結は「音楽」や「映画のセリフ」でも頻繁に起こっていますから、自分の好きな教材を使って確認してみてくださいね。

リピート練習2 子音＋you

子音の音で終わる単語にyouが続くときの音の連結に注意して、音声に続いてリピートしよう。 024 1 24

① **could you** Could you tell me where you are?

あなたがどこにいるか教えていただけますか？

② **would you** Would you help me, please?

私を助けていただけますか？

③ **did you** Did you finish the report?

そのレポートを終えましたか？

④ **close your** Please, close your eyes.

目を閉じてください。

⑤ **is your** Is your teacher good?

あなたの先生は良いですか？

⑥ **advise you** He'll advise you to stop drinking.

advise [ədváiz] 動 忠告する

彼はあなたに飲酒を止めるように忠告するでしょう。

⑦ **and you** I'm fine. And you?

私は元気です。あなたは？

⑧ as you As you know, we have a lot of problems.

ご存じの通り、私たちは多くの問題を抱えています。

⑨ can you Can you come here?

ここに来てもらえますか？

⑩ miss you I miss you very much.

あなたがいなくて、とても寂しいです。

耳づくりのヒント

子音＋youの音の連結について学びました。日本語の場合と異なり、英文の中でyouは非常に多くの場面で用いられる単語です。ここで出てきた表現を中心にしっかり音の認識ができるようにしましょう。何度も繰り返し聞くだけではなく、実際に自分の口から発信することも多い表現ですから、発話練習を積極的に行うようにしてください。could you, need youや meet you, want youのように[d]と[t]に続くことや、as you や miss youのように[z]や[s]などの音の後に続くこともあります。

リピート練習3 その他の子音＋母音

その他の子音の音で終わる単語に母音が続くときの音の連結に注意して、音声に続いてリピートしよう。

025 1 25

① **take it** 買う I'll take it.

私はそれを買うつもりだ。

② **pass on** 伝える Pass on the message to him.

彼にメッセージを送ってください。

③ **touch it** 触れる Don't touch it.

それに触れないでください。

④ **speak up** はっきりと話す Let's speak up.

大きな声で話しましょう。

⑤ **this out** Check this out, please.

これを確認してください。

⑥ **catch up** 追いつく

You should catch up with him.

あなたは彼に追いつくべきです。

⑦ **switch it off** スイッチを切る

Please switch it off.

その電源を切ってください。

⑧ **after all** 結局 After all, the plan failed.

結局、その計画は失敗した。

⑨ **cheer up** 元気を出す Cheer up.

元気を出してください。

⑩ **sing a (song)** They sing a song together.

彼らは一緒に歌を歌います。

リピーティング

耳づくりのヒント

子音＋母音で音の変化がさまざまなパターンで起きることを練習しました。中でも1つめの単語の語尾の音がk / s / p / chのような音で終わっていて、それに続く単語の最初が母音で始まる場合に、とても多く見られます。気づいた方もいらっしゃるかもしれませんが、こうした音の連結は「動詞部分」で非常に多く起こるのです。英語では「基本動詞」と呼ばれるものにさまざまな「副詞」や「前置詞」をからめて1つの意味を作るものも多いので、しっかり練習しておきたいですね。

耳レッスン 9

音の脱落

消える音と読まれない音がある

前のレッスンで見た音の連結以外にも2つ以上の単語が合わさると「音の脱落」という化学反応を起こすことがあります。音の脱落には、1つめの単語の最後の音と2つめの単語の最初の音が似ている場合に、最初の単語の音が消えて聞こえてしまうなど、いくつかのルールがあります。また、英単語には、つづりにはあるのに読まれない音があります。

同じ 子音の重なり の 脱落

単語の最後の文字と次の単語の最初の文字が同じになるときには、単語の最後の文字が発音されていないように聞こえます。例えば、want toだと、「ウォントゥー」のように聞こえるわけですね。

➡よく聞いて、まねして発音してみよう

① **want to** ～したい　② **sharp pain** 鋭い痛み

③ **feel like** ～したい気分　④ **good dog** 良い犬

さまざまな子音 ＋ 子音の音

前の単語の最後の文字と次の単語の最初の文字がそれぞれ子音になる場合には、前の単語の最後の文字の子音の音が脱落して聞こえることがあります。

➡よく聞いて、まねして発音してみよう

① **pet shop** ペットショップ
② **rock music** ロックミュージック
③ **sit down** 座る
④ **traffic jam** 交通渋滞

黙字 -gn（-gne）/-b

最後が-gnで終わる語や-bで終わる語は、-gnのgやbの音が消えて聞こえます。これを黙字といいます。signは「サイン」、combは「コウム」のように読まれます。

➡よく聞いて、まねして発音してみよう

① **sign** [sáin] 名 合図　**foreign** [fɔ́rin] 形 外国の
② **comb** [kóum] 名 くし　**bomb** [bám] 名 爆弾

リピート練習1 同じ子音の重なりの脱落

前の単語の最後の文字と次の単語の最初の文字が同じになるときは、前の単語の最後の音が脱落する。音声に続いてリピートしよう。

027 1 27

① **want to** I want to go.

私は行きたいです。

② **got to** We got to the station.

私たちは駅に到着しました。

③ **what time** What time do you go to bed?

あなたは何時に寝ますか？

④ **part-time** He got a part-time job.

彼はアルバイトの仕事を手に入れました。

⑤ **hot tea** We wanted hot tea.

私たちは熱いお茶を望みました。

⑥ **it to** Please show it to me.

それを私に見せてください。

⑦ **feel like** I feel like going out.

私は外出したい気分です。

⑧ **good dog** She has a good dog.

彼女は良い犬を飼っています。

⑨ sharp pain I felt a sharp pain.

私は激しい痛みを感じました。

⑩ top priority 最優先事項

What is your top priority in your life?

あなたの人生の最優先事項は何ですか？

耳づくりのヒント

前の単語の最後の音と続く単語の最初の音がよく似ている場合、前の単語の最後の音が落ちるということを学習しました。また、この現象は、これらの語句が読まれるスピードとは関係ないのです。ゆっくり話してもらえれば、相手の言うことが分かりやすくなるのにな～と考えている人もいるかもしれませんが、ネイティブの人にWhat timeをゆっくり発音してもらったとしても「ワットタイム」ではなく「ワッタイム」のように聞こえるのです。ですから、こうした変化に慣れておくことこそがリスニング上達の秘訣なのですね。

リピート練習2　さまざまな子音＋子音の脱落

前の単語の最後と次の単語の最初が子音のとき、前の単語の最後の文字の子音の音が脱落する。音声に続いてリピートしよう。

① pet shop　ペットショップ

My family went to a pet shop.

私の家族はペットショップに行きました。

② credit card　クレジットカード

Can I use a credit card?

クレジットカードを使うことはできますか？

③ right now　今すぐ　You should start right now.

あなたは直ちに開始するべきだ。

④ rock music　ロック（音楽）　I love rock music.

私はロック音楽が大好きです。

⑤ sit down　座る　Sit down, please.

座ってください。

⑥ traffic jam　交通渋滞

I was caught in a traffic jam.

私は交通渋滞につかまりました。

⑦ **help me** 助けて Could you help me?

助けていただけませんか。

⑧ **must be** ～に違いない You must be kidding.

冗談はやめてください。

⑨ **red socks** 赤い靴下 He bought red socks.

彼は赤い靴下を買いました。

⑩ **big dream** 大きな夢 They have a big dream.

彼らは大きな夢を持っています。

耳づくりのヒント

このリピート練習ではさまざまな音の脱落について学習しました。今回学習したものは、前の２つのリピート練習のように、明確にルール化できるものばかりではありませんでした。ここの練習の例を見ながら、何度も音を聞き返して発音練習をしておけば、別のフレーズになったとしても音の識別ができるようになりますから、ぜひ、何度も繰り返し聞いて練習してくださいね。Practice makes perfect.「練習は熟達の道」です。頑張りましょう！

リピート練習3　黙字 -gn/-b

-gn（-gne）/-bで終わる単語はそれぞれg、bの音が脱落する。音声に続いてリピートしよう。

029　1 29

① **sign** [sáin] 名 合図

sign language　手話

② **bomb** [bám] 名 爆弾

an atomic bomb　原子爆弾

③ **comb** [kóum] 名 くし

a beautiful comb　美しいくし

④ **foreign** [fɔ́rin] 形 外国の

a foreign country　外国

⑤ **assign** [əsáin] 動 割り当てる

assign the task　仕事を割り当てる

⑥ **tomb** [túːm] 名 墓

a large tomb　大きな墓

⑦ **campaign** [kæmpéin] 名 運動

a political campaign　政治活動

⑧ **design** [dizáin] 名 デザイン

interior design　インテリアデザイン

⑨ **champagne** [ʃæmpéin] 名 シャンパン

a champagne dinner　シャンパン付きディナー

⑩ **thumb** [θʌ́m] 名 親指

gives a thumbs-up sign　承認のサインを送る

リピーティング

1回	2回	3回	4回	5回
○	○	○	○	○

耳づくりのヒント

アルファベットの表記はあるのに、その音の発音をしないものがあります。ここでは単語の最後の文字がgnやbのような場合を学びました。このほかにも、know / knock / knifeのように、knから始まる単語は最初のkが発音されないというような例もあるのです。昔は、これらの単語のkも発音されていたようです。

耳レッスン 10

音の強弱（文のリズム）

文中の弱い音と強い音

日本語と英語の文の読み方の大きな違いの１つは、文の波（強弱）の有無だと言えるでしょう。日本語の文は平坦に聞こえるのに対して、英語の文は強弱のリズムを持っています。強弱のリズムは波のように繰り返されますが、伝えたい部分が強く読まれるのが基本です。

弱い音 と 強い音 ①

a（an）やtheのような冠詞は名詞の前に置いて使われる言葉ですが、これらの冠詞は一般的に弱く読まれます。また、同じように名詞と共に使われる前置詞も一般的に弱く読まれます。

➡よく聞いて、まねして発音してみよう

① **I have a book.** 私は本を持っています。

② **He came to Japan in 2022.**
彼は2022年に日本に来ました。

弱い音 と 強い音 ②

I have to go. などで使われる不定詞toも弱く読まれる傾向が

あります。toは「トゥー」と伸ばさず、[トゥ] と短く発音します。have toは「ハフトゥ／ハフタ」のように聞こえます。

➡よく聞いて、まねして発音してみよう

① **I have to go now.** もう行かなければなりません。

② **There used to be a large park around here.**
この辺りにはかつて大きな公園がありました。

弱い音 と 強い音 ③

基本的に強く読みたいのは「強調したい部分」です。例えばWhat is your favorite color?「お気に入りの色は何色ですか？」に対してI like yellow the best.「黄色が一番好きです」と答える場合、yellowが強く読まれます。疑問詞を使った疑問文に対する返事の文では一般的に「答えの中心」となる部分が強く読まれます。新しく伝える情報は強く読まれるということを覚えておきましょう。

➡よく聞いて、まねして発音してみよう

① **How do you go to the office?**
「どのように職場まで行きますか？」
I usually walk there.「普通は職場まで歩きます」

② **Does your son live in Kobe?**
「あなたの息子さんは神戸にお住まいですか？」
No, he lives in Kyoto.「いいえ、京都に住んでいます」

リピート練習 センテンスで起こる強弱

センテンスの中で起こる強弱と英語のリズムに注意して、音声に続いてリピートしよう。

031 1 31

① **He is an honest boy.** 彼は正直な少年だ。

② **You should go to see a doctor.**
あなたは医者に行くべきです。

③ **I was very nervous during the interview.**
私は面接中、とても緊張した。

④ **Would you like another slice of pizza?**
もう1枚ピザをいかがですか？

⑤ **Please be quiet.** 静かにしてください。

⑥ **I won't invite him to the party.**
私は彼をパーティーに招待するつもりはありません。

⑦ **You have to go home right now.**
あなたはすぐに帰らなければなりません。

⑧ When did you come back to Japan?

あなたはいつ日本に帰ってきたのですか？

⑨ Excuse me, where is the post office?

すみません、郵便局はどこですか？

⑩ I started to study English in 2022.

私は2022年に英語の勉強を始めました。

リピーティング

1回	2回	3回	4回	5回
○	○	○	○	○

耳づくりのヒント

基本的に強く読まれる部分は「名詞」「動詞」「形容詞」「副詞」などの伝えるべき意味を持っているものです。一方で、「接続詞」「助動詞」「冠詞」「前置詞」などは弱く読まれることが多いです。ですが、伝えたい部分が「前置詞」や「助動詞」の場合には、そこを強く読んでください。「彼は図書館の中にいたの？」「違うよ。図書館の外だよ」という場合、「外」が強く読まれるはずですね。内容に応じて強く読む部分が異なるという点は日本語と同じです。

gonnaやwannaを聞き取ろう！

教科書にはないが、アメリカの日常生活では不可欠な表現

アメリカ口語英語では、よくI am going to ～という未来形の表現を、**I'm gonna ～**（~するつもり）と表現することがあります。また、**I want to ～**をI wanna ～（~したい）と表現することもあります。これらはあくまでも書き言葉では使われない、くだけた口語表現です。

gonnaやwannaは公式の場ではあまり使われませんが、日常生活では、大統領でも使っているような、大変ポピュラーな言い回しです。英語の教科書には載っていませんが、特にアメリカで英語を聞き取ろうとするならば、これらを知らなければ、かなり苦労することになるでしょう。

例えば、What do you want to do?（何したい？）が口語のアメリカ英語で言われた場合には、「ワダヤワナドゥ」のようになり、wannaという表現を知らないととても聞き取ることはできません。覚えてしまいましょう！

- **I am going to ～ → I'm gonna**
- **I want to ～ → I wanna**

英語の耳づくり 総仕上げ

ここからは、耳レッスン1から10までで学んだ基礎を確認しながら、練習問題でさらに英語の耳を鍛えていきましょう。

「音の聞き分けにチャレンジ」では二つの音の違いを聞き分けたり、あるいは、音を聞いてどちらの選択肢に当てはまるか選んだりします。

「音の聞き取りにチャレンジ」では、音声を聞いて、問題文の空欄を埋めます。

どちらも問題を解くだけでなく、音をリピートしたり、音読したりして、英語の音を自分のものにしていきましょう。

英語の耳づくり **総仕上げ**

音の聞き分けにチャレンジ① カタカナ語と英語

■練習■ 音声を聞いて、どちらの音か、選ぼう。

①	□ **cocoa**	□ **cacao**
②	□ **heroine**	□ **hero**
③	□ **cookie**	□ **cook**
④	□ **hamburger**	□ **Hamburg**
⑤	□ **energy**	□ **allergy**
⑥	□ **Internet**	□ **intern**
⑦	□ **pattern**	□ **patent**
⑧	□ **alcohol**	□ **equal**
⑨	□ **garage**	□ **college**
⑩	□ **Argentina**	□ **agent**

新出語 ① cacao 名 カカオ ② hero 名 ヒーロー ③ cook 名 コック
④ Hamburg 固 ハンブルク（ドイツの地名） ⑤ allergy 名 アレルギー
⑥ intern 名 インターン ⑦ patent 名 パテント（特許）
⑧ equal 形 イコール、等しい ⑨ college 名 カレッジ、大学
⑩ agent 名 エージェント、代理人

■解答■ 答え合わせをしたら、音声をまねてリピートしよう。
短いフレーズでも練習しよう。 033 1 33

※☑が正解

①
☑ **cocoa** ▶ **a cup of cocoa** 1杯のココア
☐ **cacao** [kəkɑ́ou] ▶ **cacao products** カカオ製品

②
☑ **heroine** ▶ **a heroine of the drama** ドラマのヒロイン
☐ **hero** [híərou] ▶ **a national hero** 国民的英雄

③
☐ **cookie** ▶ **some cookies** いくつかのクッキー
☑ **cook** [kúk] ▶ **a famous cook** 有名なコック

④
☐ **hamburger** ▶ **two hamburgers** 2つのハンバーガー
☑ **Hamburg** [hǽmbərg] ▶ **live in Hamburg** ハンブルグに住む

⑤
☑ **energy** ▶ **need energy** エネルギーを必要とする
☐ **allergy** [ǽlərdʒi] ▶ **cat allergy** 猫アレルギー

⑥
☑ **Internet** ▶ **on the Internet** インターネットで
☐ **intern** [íntəːrn] ▶ **work as an intern** インターンとして働く

⑦
☑ **pattern** ▶ **an interesting pattern** 面白いパターン
☐ **patent** [pǽtnt] ▶ **a patent holder** 特許所有者

⑧
☐ **alcohol** ▶ **drink alcohol** アルコールを飲む
☑ **equal** [íːkwəl] ▶ **equal rights** 平等の権利

⑨
☑ **garage** ▶ **go to the garage** ガレージへ行く
☐ **college** [kɑ́lidʒ] ▶ **go to college** 大学へ行く

⑩
☑ **Argentina** ▶ **travel in Argentina** アルゼンチンを旅行する
☐ **agent** [éidʒənt] ▶ **a travel agent** 旅行代理店

音の聞き分けにチャレンジ② アの音にはいろいろある

■練習■ 音声を聞いて、どちらの音か、選ぼう。 034 1 34

①	□ hat	□ hut
②	□ mad	□ mud
③	□ sang	□ sung
④	□ angry	□ hungry
⑤	□ cut	□ cat
⑥	□ heart	□ hurt
⑦	□ girl	□ gal
⑧	□ far	□ fur
⑨	□ work	□ walk
⑩	□ heard	□ hard
⑪	□ fan	□ fun
⑫	□ worm	□ warm

⑬	□ task	□ dusk
⑭	□ star	□ stir
⑮	□ top	□ tap
⑯	□ dart	□ dirt
⑰	□ pat	□ put
⑱	□ hot	□ fat
⑲	□ pan	□ pun
⑳	□ pond	□ pound

新出語　⑨ work 動 働く　walk 動 歩く　⑪ fan 名 ファン　fun 名 楽しさ
⑫ worm 名 毛虫、うじ虫　warm 形 暖かい　⑬ task 名 仕事　dusk 名 夕暮れ
⑰ pat 動 軽く叩く　put 動 置く　⑲ pan 名 鍋　pun 名 ダジャレ
⑳ pound 名 ポンド　重さの単位　1ポンド＝約454グラム

■解答■ 答え合わせをしたら、音声をまねてリピートしよう。
短いフレーズでも練習しよう。

035 1 35

①	☑ **hat**	▶ **a large hat**	大きな帽子
	☐ **hut**	▶ **a wooden hut**	木造の小屋
②	☐ **mad**	▶ **mad at me**	私に怒って
	☑ **mud**	▶ **a mud road**	泥道
③	☐ **sang**	▶ **sang an old song**	古い歌を歌った
	☑ **sung**	▶ **a song is sung**	歌が歌われる
④	☑ **angry**	▶ **an angry woman**	怒っている女性
	☐ **hungry**	▶ **hungry children**	空腹の子どもたち
⑤	☐ **cut**	▶ **cut a tree**	木を切る
	☑ **cat**	▶ **a black cat**	黒ネコ
⑥	☐ **heart**	▶ **heart disease**	心臓病
	☑ **hurt**	▶ **My tooth hurts.**	歯が痛む
⑦	☑ **girl**	▶ **a little girl**	小さな女の子
	☐ **gal**	▶ **guys and gals**	男女
⑧	☑ **far**	▶ **go far**	遠くに行く
	☐ **fur**	▶ **a fur coat**	毛皮のコート
⑨	☑ **work** [wɔ́:rk]	▶ **work in Vietnam**	ベトナムで働く
	☐ **walk** [wɔ́:k]	▶ **walk to the bus stop**	バス停まで歩く
⑩	☑ **heard**	▶ **heard his name**	彼の名前を聞いた
	☐ **hard**	▶ **work hard**	一生懸命に働く

⑪ ☐ **fan** [fǽn] ▶ **a big baseball fan** 熱心な野球ファン
☑ **fun** [fʌ́n] ▶ **a lot of fun** とても楽しいこと

⑫ ☑ **worm** [wɔ́ːrm] ▶ **worm powder** 駆虫剤
☐ **warm** [wə́ːrm] ▶ **a warm day** 暖かい日

⑬ ☐ **task** [tǽsk] ▶ **complete the task** 仕事を終える
☑ **dusk** [dʌ́sk] ▶ **after dusk** 夕暮れ後に

⑭ ☑ **star** ▶ **a beautiful star** 美しい星
☐ **stir** ▶ **stir a sauce** ソースをかき混ぜる

⑮ ☑ **top** ▶ **the top of the mountain** その山の頂上
☐ **tap** ▶ **tap water** 水道水

⑯ ☐ **dart** ▶ **a darts player** ダーツをする人
☑ **dirt** ▶ **a dirt field** 草木の生えていない空き地

⑰ ☑ **pat** [pǽt] ▶ **pat me on the shoulder** 私の肩を叩く
☐ **put** [pút] ▶ **put it down on the table** それを机の上に置く

⑱ ☑ **hot** ▶ **drink hot coffee** 熱いコーヒーを飲む
☐ **fat** ▶ **get fat** 太る

⑲ ☑ **pan** [pǽn] ▶ **a frying pan** フライパン
☐ **pun** [pʌ́n] ▶ **a bad pun** 下手なダジャレ

⑳ ☑ **pond** ▶ **a large pond** 大きな池
☐ **pound** [páund] ▶ **several pounds of fruits** 数ポンドの果物

英語の耳づくり **総仕上げ**

音の聞き分けにチャレンジ③-1 LとR

■練習■ 音声を聞いて、どちらの音か、選ぼう。

① □ **collect** □ **correct**

② □ **play** □ **pray**

③ □ **long** □ **wrong**

④ □ **lead** □ **read**

⑤ □ **light** □ **right**

⑥ □ **fly** □ **fry**

⑦ □ **lock** □ **rock**

⑧ □ **lace** □ **race**

⑨ □ **lent** □ **rent**

⑩ □ **lady** □ **ready**

新出語
⑨ lent 動 無料で貸す［lendの過去形］ rent 動（家などを）貸す、借りる
⑩ lady 名 女性 ready 形 準備した

■解答■ 答え合わせをしたら、音声をまねてリピートしよう。短いフレーズでも練習しよう。

037 1-37

①	☑ **collect**	▶ **collect old coins**	古いコインを集める
	☐ **correct**	▶ **correct answers**	正しい答え
②	☑ **play**	▶ **play outside**	外で遊ぶ
	☐ **pray**	▶ **pray for peace**	平和を祈る
③	☐ **long**	▶ **a long vacation**	長期休暇
	☑ **wrong**	▶ **a wrong address**	誤った住所
④	☐ **lead**	▶ **lead a horse to water**	馬を水辺まで導く
	☑ **read**	▶ **read a magazine**	雑誌を読む
⑤	☐ **light**	▶ **turn off the light**	電気を消す
	☑ **right**	▶ **on your right**	右側に
⑥	☐ **fly**	▶ **fly high**	高く飛ぶ
	☑ **fry**	▶ **fry an egg**	卵を焼く
⑦	☑ **lock**	▶ **lock the door**	ドアに鍵をかける
	☐ **rock**	▶ **on the rock**	岩の上で
⑧	☐ **lace**	▶ **lace curtain**	レースのカーテン
	☑ **race**	▶ **came second in the race**	レースで2番目になる
⑨	☑ **lent** [lént]	▶ **lent it to him**	それを彼に貸した
	☐ **rent** [rént]	▶ **rent an apartment**	アパートを貸す、借りる
⑩	☑ **lady** [léidi]	▶ **a tall lady**	背の高い女性
	☐ **ready** [rédi]	▶ **Are you ready?**	準備はいいですか？

英語の耳づくり **総仕上げ**

音の聞き分けにチャレンジ③-2 BとV、FとH

■練習■ 音声を聞いて、どちらの音か、選ぼう。

① □ **leaf** □ **leave**

② □ **ban** □ **van**

③ □ **best** □ **vest**

④ □ **safe** □ **save**

⑤ □ **base** □ **vase**

⑥ □ **veil** □ **fail**

⑦ □ **book** □ **hook**

⑧ □ **boys** □ **voice**

⑨ □ **half** □ **halve**

⑩ □ **berry** □ **very**

新出語 ① leaf 名 葉 leave 動 出発する・去る ② ban 動 禁止する
④ safe 形 安全な save 動 救う、節約する ⑥ veil 名 ベール fail 動 失敗する
⑦ book 動 名 予約する・本 hook 動 留める
⑧ boys 名 少年（たち） voice 名 声 ⑨ half 名 半分 halve 名 半分にする

■解答■ 答え合わせをしたら、音声をまねてリピートしよう。短いフレーズでも練習しよう。 039 1-39

① ☐ **leaf** [lí:f] ▶ **tobacco leaf** タバコの葉
☑ **leave** [lí:v] ▶ **leave Tokyo** 東京を出発する

② ☑ **ban** [bǽn] ▶ **ban smoking** 喫煙を禁止する
☐ **van** ▶ **in the van** 小型トラック内で

③ ☑ **best** ▶ **the best player** 最高の選手
☐ **vest** ▶ **wear the vest** ベストを身につける

④ ☐ **safe** [séif] ▶ **a safe city** 安全な都市
☑ **save** [séiv] ▶ **save my life** 私の命を救う

⑤ ☐ **base** ▶ **get to the first base** 第一歩を成し遂げる
☑ **vase** ▶ **a vase of flowers** 花びん

⑥ ☐ **veil** [véil] ▶ **a bridal veil** 花嫁のベール
☑ **fail** [féil] ▶ **fail in the test** テストに失敗する

⑦ ☑ **book** [búk] ▶ **book the hotel** ホテルの予約をする
☐ **hook** [húk] ▶ **hook the dress** ドレスのホックを留める

⑧ ☐ **boys** [bɔ́iz] ▶ **boys and girls** 少年少女
☑ **voice** [vɔ́is] ▶ **a low voice** 低い声

⑨ ☐ **half** [hǽf] ▶ **half a century** 半世紀
☑ **halve** [hǽv] ▶ **halve an apple** リンゴを半分にする

⑩ ☑ **berry** ▶ **berry picking** イチゴ狩り
☐ **very** ▶ **very fun** とても面白い

英語の耳づくり **総仕上げ**

音の聞き分けにチャレンジ④-1 その他の母音

■練習■ 音声を聞いて、どちらの音か、選ぼう。 040 1 40

①	□ caught	□ coat
②	□ vote	□ boat
③	□ tall	□ toll
④	□ abroad	□ road
⑤	□ law	□ low
⑥	□ saw	□ sow
⑦	□ ball	□ bowl
⑧	□ walk	□ work
⑨	□ rose	□ lose
⑩	□ focus	□ forks

新出語 ③ toll 名 通行料金 ⑥ sow 動 種をまく
⑦ ball 名 ボール、球 bowl 名 おわん、どんぶり
⑨ rose 名 バラ lose 動 失う ⑩ focus 動 集中する forks 名 フォーク

■解答■ 答え合わせをしたら、音声をまねてリピートしよう。短いフレーズでも練習しよう。 041 1 41

①	☐ **caught**	▶ **caught a cold**	風邪をひいた
	☑ **coat**	▶ **a leather coat**	皮のコート
②	☑ **vote**	▶ **vote against it**	それに反対する票を入れる
	☐ **boat**	▶ **on the boat**	ボートの上で
③	☑ **tall**	▶ **a tall man**	背の高い男性
	☐ **toll** [tóul]	▶ **pay a toll**	通行料を払う
④	☑ **abroad**	▶ **go abroad**	外国に行く
	☐ **road**	▶ **on the road**	路上に
⑤	☑ **law**	▶ **obey the law**	法律に従う
	☐ **low**	▶ **low pension payments**	低い年金金額
⑥	☐ **saw**	▶ **saw an actor**	俳優を見た
	☑ **sow** [sóu]	▶ **sow the field**	地面に種をまく
⑦	☑ **ball** [bɔ́:l]	▶ **a golf ball**	ゴルフボール
	☐ **bowl** [bóul]	▶ **a bowl of rice**	ご飯一杯
⑧	☑ **walk**	▶ **walk to the office**	職場まで歩く
	☐ **work**	▶ **work hard**	熱心に働く
⑨	☐ **rose** [róuz]	▶ **smell like a rose**	バラのような匂いがする
	☑ **lose** [lú:z]	▶ **lose much money**	たくさんのお金を失う
⑩	☑ **focus** [fóukəs]	▶ **focus on studying**	勉強に集中する
	☐ **forks** [fɔ́:rks]	▶ **silver forks**	銀のフォーク

英語の耳づくり 総仕上げ

音の聞き分けにチャレンジ④-2 注意したい子音

■練習■ 音声を聞いて、どちらの音か、選ぼう。 042 1 42

①	□ **sea**	□ **she**
②	□ **sheet**	□ **seed**
③	□ **think**	□ **sink**
④	□ **mouse**	□ **month**
⑤	□ **though**	□ **thought**
⑥	□ **bath**	□ **bathe**
⑦	□ **thank**	□ **sank**
⑧	□ **seem**	□ **theme**
⑨	□ **close**	□ **cloth**
⑩	□ **thick**	□ **sick**

新出語 ② sheet 名 シート seed 名 種
⑥ bath 名 お風呂 bathe 動 入浴する・させる

■解答■ 答え合わせをしたら、音声をまねてリピートしよう。短いフレーズでも練習しよう。

043 1 43

① ☐ **sea** ▶ **sea animals** 海洋動物
☑ **she** ▶ **She is fine.** 彼女は元気です。

② ☑ **sheet** [ʃíːt] ▶ **a sheet of paper** 一枚の紙
☐ **seed** [síːd] ▶ **plant a seed** 種をまく

③ ☐ **think** ▶ **think about the future** 将来について考えた
☑ **sink** ▶ **sink or swim** 一か八かだ

④ ☐ **mouse** ▶ **Mickey Mouse** ミッキーマウス
☑ **month** ▶ **for several months** 数か月間

⑤ ☑ **though** ▶ **though it is cold** 寒いけれども
☐ **thought** ▶ **thought about him** 彼について考えた

⑥ ☑ **bath** [bǽθ] ▶ **take a bath** お風呂に入る
☐ **bathe** [béið] ▶ **bathe a dog** 犬を入浴させる

⑦ ☐ **thank** ▶ **thank you for ～** ～のことであなたに感謝する
☑ **sank** ▶ **The sun sank.** 太陽が沈みました。

⑧ ☐ **seem** ▶ **seem a little sad** 少し悲しそうに見える
☑ **theme** ▶ **the theme for today** 今日のテーマ

⑨ ☐ **close** ▶ **close the door** ドアを閉める
☑ **cloth** ▶ **a cloth hat** 布製の帽子

⑩ ☑ **thick** ▶ **thick textbooks** 分厚い参考書
☐ **sick** ▶ **stay in sick** 病気で寝込んでいる

英語の耳づくり **総仕上げ**

音の聞き分けにチャレンジ⑤ アクセント

■練習■　音声を聞いて、どちらにアクセントがあるか、選ぼう。

①	□ linguistic	□ linguistic
②	□ political	□ political
③	□ shampoo	□ shampoo
④	□ interviewee	□ interviewee
⑤	□ diversity	□ diversity
⑥	□ magician	□ magician
⑦	□ environmental	□ environmental
⑧	□ refugee	□ refugee
⑨	□ Oriental	□ Oriental
⑩	□ committee	□ committee

新出語　① linguistic 形 言語的な　④ interviewee 名 インタビューされる人
⑥ magician 名 マジシャン　⑦ accidental 形 偶然の　⑧ refugee 名 難民

■解答■ 答え合わせをしたら、音声をまねてリピートしよう。
短いフレーズでも練習しよう。

045 1 45

① ☑ **linguistic** [liŋgwístik]

▶ **linguistic ability** 言語的能力

② ☑ **political** ▶ **political issues** 政治的な課題

③ ☑ **shampoo** ▶ **a bottle of shampoo** シャンプーのボトル

④ ☑ **interviewee** [ìntərvjuːíː]

▶ **a job interviewee** 求職者

⑤ ☑ **diversity** ▶ **racial diversity** 人種的多様性

⑥ ☑ **magician** [mədʒíʃən]

▶ **a famous magician** 有名なマジシャン

⑦ ☑ **environmental** [envàiərənméntəl]

▶ **evironmental problems** 環境問題

⑧ ☑ **refugee** [rèfjudʒíː]

▶ **a refugee boat** 難民のボート

⑨ ☑ **Oriental** ▶ **Oriental societies** 東洋社会

⑩ ☑ **committee** ▶ **a committee member** 委員会のメンバー

英語の耳づくり **総仕上げ**

音の聞き分けにチャレンジ⑥ 数字の読み方

■練習■　音声を聞いて、どちらの音か、選ぼう。

① □ 17　　□ 70

② □ 18　　□ 80

③ □ 365　　□ 356

④ □ 3,776　　□ 3,667

⑤ □ 120,000,000　　□ 112,000,000

⑥ □ 7,000,000,000　　□ 70,000,000,000

⑦ □ 年 1445　　□ 年 544

⑧ □ 年 1985　　□ 年 1958

⑨ □ 年 2022　　□ 年 2012

⑩ □ 3.14　　□ 3.04

■解答■ 答え合わせをしたら、音声をまねてリピートしよう。短いフレーズでも練習しよう。 047 1 47

① □ **17** seventeen ▶ **17 years old** 17歳
☑ **70** seventy ▶ **for 70 years** 70年

② ☑ **18** eighteen ▶ **18 children** 18人の子ども
□ **80** eighty ▶ **80 dollars** 80ドル

③ ☑ **365** three hundred sixty-five ▶ **365 days** 365日
□ **356** three hundred fifty-six ▶ **356 workers** 356人の労働者

④ ☑ **3,776** three thousand seven hundred seventy-six ▶ **3,776 meters** 3,376m
□ **3,667** three thousand six hundred sixty-seven ▶ **a 3,667-gram baby** 3,667gの赤ちゃん

⑤ □ **120,000,000** a hundred twenty million
▶ **120 million people** 1億2000万人
☑ **112,000,000** a hundred twelve million
▶ **112 million yen** 1億1200万円

⑥ □ **7,000,000,000** seven billion ▶ **over 7 billion people** 70億人以上
☑ **70,000,000,000** seventy billion ▶ **70 billion kilometers** 700億km

⑦ ☑ **1445** fourteen forty-five ▶ **in 1445** 1445年に
□ **1544** fifteen forty-four ▶ **since 1544** 1544年以来

⑧ □ **1985** nineteen eighty-five ▶ **during 1985** 1985年の間に
☑ **1958** nineteen fifty-eight ▶ **before 1958** 1958年以前

⑨ ☑ **2022** two thousand twenty-two ▶ **the year 2022** 2022年
□ **2012** two thousand twelve ▶ **after 2012** 2012年以降

⑩ ☑ **3.14** three point one four ▶ **The circle ratio is 3.14.** 円周率は3.14です。
□ **3.04** three point oh four ▶ **3.04 dollars** 3.04ドル

英語の耳づくり **総仕上げ**

音の聞き分けにチャレンジ⑦ 短縮形の発音

■練習■ 音声を聞いて、文章にどちらの音が含まれているか選ぼう。

048 1 48

① □ **I'm** □ **I'd**

② □ **don't** □ **doesn't**

③ □ **wouldn't** □ **won't**

④ □ **we're** □ **we are**

⑤ □ **he'll** □ **he will**

⑥ □ **you did not** □ **you didn't**

⑦ □ **they've** □ **they're**

⑧ □ **there's** □ **there**

⑨ □ **he isn't** □ **he's not**

⑩ □ **we can't** □ **we cannot**

■解答■ 答え合わせをしたら、音声をまねてリピートしよう。
短いフレーズでも練習しよう。 049 1 49

① □ I'm ▶ I'm 35 years old. 私は35歳です。
☑ I'd ▶ I'd like to drink beer. 私はビールを飲みたいです。

② □ don't ▶ I don't like the movie. 私はその映画が好きではありません。
☑ doesn't ▶ She doesn't know the news. 彼女はそのニュースを知りません。

③ □ wouldn't ▶ The door wouldn't open. そのドアは開こうとしなかった。
☑ won't ▶ I won't go abroad. 私は海外に行くつもりはありません。

④ ☑ we're ▶ We're friends. 私たちは友達です。
□ we are ▶ We are very busy. 私たちはとても忙しいです。

⑤ □ he'll ▶ He'll visit Kyoto. 彼は京都を訪れる予定です。
☑ he will ▶ He will be a laywer. 彼は弁護士になるつもりです。

⑥ □ you did not ▶ You did not talk to him. あなたは彼に話しかけなかった。
☑ you didn't ▶ You didn't finish the report. あなたはレポートを終わらせなかった。

⑦ ☑ they've ▶ They've been to Nara. 彼らは奈良に行ったことがある。
□ they're ▶ They're Americans. 彼らはアメリカ人です。

⑧ ☑ there's ▶ There's a cat in the room. その部屋にはネコが1匹います。
□ there ▶ I went there last night. 私は昨晩そこへ行きました。

⑨ ☑ he isn't ▶ He isn't angry. 彼は怒っていません。
□ he's not ▶ He's not a dancer. 彼はダンサーではありません。

⑩ □ we can't ▶ We can't swim. 私たちは泳ぐことができません。
☑ we cannot ▶ We cannot speak Spanish. 私たちはスペイン語を話すことができません。

英語の耳づくり 総仕上げ

音の聞き分けにチャレンジ⑧ 音の連結と変化

■練習■ 音声を聞いて、文章にどちらの音が含まれているか、選ぼう。

050 1 50

① □ **remember it** □ **remit it**

② □ **is their** □ **is your**

③ □ **hang over** □ **hang out**

④ □ **use your** □ **lose your**

⑤ □ **would you** □ **could you**

⑥ □ **lend you** □ **send you**

⑦ □ **pass out** □ **push out**

⑧ □ **walk out** □ **work out**

⑨ □ **take a look at a** □ **take a rock on a**

⑩ □ **think about it** □ **talk about it**

新出語 ① remit [rimít] 動 送金する ③ hang [hǽŋ] 動 つるす、のんびりする
⑥ send [sénd] 動 送る ⑦push [púʃ] 動 押す

■解答■ 答え合わせをしたら、音声をまねてリピートしよう。短いフレーズでも練習しよう。

051 1 51

① ☑ **remember it** ▶ Please remember it.

それを覚えておいてください。

② ☑ **is your** ▶ Is your son a doctor?

あなたの息子は医師ですか？

③ ☑ **hang out** ▶ He likes to hang out in a bar.

彼はバーでくつろぐのが好きだ。

④ ☑ **use your** ▶ Can I use your phone?

あなたの電話を利用してもいいですか？

⑤ ☑ **Would you** ▶ Would you help me, please?

私を助けていただけませんか？

⑥ ☑ **send you** ▶ I'll send you an email tonight.

今晩、メールをあなたに送ります。

⑦ ☑ **pass out** ▶ Please pass out the brochures.

冊子を手渡してください。

⑧ ☑ **work out** ▶ Everything will finally work out.

すべてのことが最後にはうまくいく。

⑨ ☑ **take a look at a** ▶ Let's take a look at a photo.

写真を見てみましょう。

⑩ ☑ **talk about it** ▶ Can you talk about it?

それについて話すことはできますか？

音の聞き分けにチャレンジ⑨-1 子音の重なりによる音の脱落

■練習■ 音声を聞いて、文章にどちらの音が含まれているか、選ぼう。

052 2 01

① □ bad dream □ bad stream

② □ want to □ went to

③ □ hard to □ had to

④ □ what time □ war time

⑤ □ sum for □ some more

⑥ □ convenient store
□ convenience store

⑦ □ gas station □ guess on

⑧ □ be gained □ big game

⑨ □ won too □ want to

⑩ □ bus stop □ burst up

新出語 ① stream [stri:m] 名 流れ ⑤ sum [sʌ́m] 名 合計
⑥ convenient [kənvi:niənt] 形 便利な convenience [kənvi:niəns] 名 便利さ
⑦ guess [ges] 動 推測する ⑧ gained [geind] 動 得る［gainの過去・過去分詞形］
⑨ won [wʌ́n] 動 勝つ［winの過去・過去分詞形］ ⑩ burst [bə́:rst] 動 破裂する

■解答■ 答え合わせをしたら、音声をまねてリピートしよう。
短いフレーズでも練習しよう。 053 2 02

① ☑ **bad dream** ▶ **I had a bad dream yesterday.**
私は昨日悪い夢を見ました。

② ☑ **went to** ▶ **She went to a museum with her father.**
彼女はお父さんと一緒にミュージアムに行きました。

③ ☑ **had to** ▶ **I had to go home then.**
私はその時帰宅しなければなりませんでした。

④ ☑ **what time** ▶ **What time did you leave the office?**
あなたはオフィスを何時に出ましたか？

⑤ ☑ **some more** ▶ **Would you like some more coffee?**
もう少しコーヒーはいかがですか？

⑥ ☑ **convenience store**
▶ **Could you go to a convenience store?**
コンビニに行っていただけませんか？

⑦ ☑ **gas station** ▶ **There used to be a gas station around here.**
この辺りには以前ガソリンスタンドがありました。

⑧ ☑ **big game** ▶ **We watched the big game last night.**
私たちは昨晩ビッグゲームを見た。

⑨ ☑ **want to** ▶ **We want to go to America someday.**
いつかアメリカに行きたいです。

⑩ ☑ **bus stop** ▶ **Let's walk to the bus stop.**
次のバス停まで歩きましょう。

音の聞き分けにチャレンジ⑨-2 さまざまな子音+子音の脱落・黙字 -gn/-b

■練習■ 音声を聞いて、文章にどちらの音が含まれているか、選ぼう。

054 2-03

① □ falling culture □ foreign culture

② □ cleanup champion
□ cleanup campaign

③ □ designed □ decent

④ □ linear □ right now

⑤ □ round up □ road map

⑥ □ remind □ resigned

⑦ □ comb □ come

⑧ □ sign □ sigh

⑨ □ assured □ assigned

⑩ □ sit down □ sit on

新出語 ① falling [fɔ́:liŋ] 形 倒れる culture [kʌ́ltʃər] 名 文化
② cleanup [kli:nʌ̀p] 名 掃除 ③ decent [di:sənt] 形 きちんとした
④ linear [iniər] 形 線の ⑤ round [raund] 動 丸める
⑥ remind [rimáind] 動 思い出させる resigned [rizaind] 動 辞任する［resignの過去形］ ⑧ sigh [sai] 名 ため息 ⑨ assured [əʃuərd] 形 保証された

■解答■ 答え合わせをしたら、音声をまねてリピートしよう。短いフレーズでも練習しよう。

055 2 04

① ☑ **foreign culture** ▶ I'm interested in a foreign culture.

私は外国の文化に興味があります。

② ☑ **cleanup campaign**

▶ We took part in a cleanup campaign.

私たちは清掃活動に参加しました。

③ ☑ **designed** ▶ The man designed the bridge.

その男性はその橋をデザインした。

④ ☑ **right now** ▶ Stop reading that magazine right now.

すぐに雑誌を読むのをやめなさい。

⑤ ☑ **road map** ▶ Please check the road map.

ロードマップを確認してください。

⑥ ☑ **resigned** ▶ He finally resigned from the company.

彼はついにその会社を辞職した。

⑦ ☑ **comb** ▶ She bought a beautiful comb.

彼女は美しいくしを買いました。

⑧ ☑ **sign** ▶ Can you understand sign language?

手話を理解することができますか？

⑨ ☑ **I assigned** ▶ I assigned the task to Mr. Kim.

私はその仕事をキム氏に割り当てました。

⑩ ☑ **Sit down** ▶ Sit down, please.

座ってください。

音の聞き分けにチャレンジ⑩-1 センテンスで起こる強弱

■練習■ 音声を聞いて、下線を引いたどちらの語が強く読まれているか、選ぼう。

056 2 05

① Please give me a break.

② Let's sit down and have some coffee.

③ We finally got to the top of the mountain.

④ When did you meet her?

⑤ We'll invite her to the party.

⑥ I need to buy some bread.

⑦ There were large cherry trees in the park.

⑧ Which city would you like to visit?

⑨ Could you tell me about the matter later?

⑩ You are going to marry Kumi, aren't you?

■解答■　答え合わせをしたら、音声をまねてリピートしよう。

057　2 06

① ☑ **break** ▶ **Please give me a break.**

休ませてください。

② ☑ **coffee** ▶ **Let's sit down and have some coffee.**

座ってコーヒーを飲みましょう。

③ ☑ **mountain** ▶ **We finally got to the top of the mountain.**

私たちは最終的に山の頂上に到着した。

④ ☑ **when** ▶ **When did you meet her?**

いつ彼女に会いましたか？

⑤ ☑ **party** ▶ **We'll invite her to the party.**

私たちは彼女をパーティに招待するつもりです。

⑥ ☑ **bread** ▶ **I need to buy some bread.**

私はパンを買う必要があります。

⑦ ☑ **large** ▶ **There were large cherry trees in the park.**

公園には大きな桜の木々がありました。

⑧ ☑ **city** ▶ **Which city would you like to visit?**

あなたはどの都市を訪問したいですか？

⑨ ☑ **matter** ▶ **Could you tell me about the matter later?**

あなたは後でその事柄について私に話していただけませんか？

⑩ ☑ **marry** ▶ **You are going to marry Kumi, aren't you?**

あなたはクミと結婚する予定なのですね？

英語の耳づくり 総仕上げ

音の聞き分けにチャレンジ⑩-2 意味で起こる強弱

■練習■ 会話の音声を聞いて、答えの中で下線を引いた語のどちらが強く読まれているか、選ぼう。 058 2 07

① Do you want the black car?

No. I <u>want</u> the <u>white</u> one.

② What time did you get up this morning?

I <u>got up</u> at <u>6:30</u>.

③ Did you go to Kyoto yesterday?

No. I <u>went</u> to <u>Nara</u> yesterday.

④ Which do you like better, soccer or baseball?

I <u>like</u> <u>baseball</u> better.

⑤ Are you a physician?

No, <u>I'm</u> not. I'm an <u>engineer</u>.

■解答■ 答え合わせをしたら、音声をまねてリピートしよう。

① ☑ **white**

Do you want the black car? No. I want the white one.

黒の車が欲しいのですか？ いいえ。白のものが欲しいんです。

② ☑ **6:30**

What time did you get up this morning? I got up at 6:30.

今朝何時に起きましたか？ 6時30分に起きました。

③ ☑ **Nara**

Did you go to Kyoto yesterday?

No. I went to Nara yesterday.

昨日京都に行ったのですか？ いいえ。昨日は奈良に行きました。

④ ☑ **baseball**

Which do you like better, soccer or baseball?

I like baseball better.

サッカーと野球のどちらが好きですか？ 野球のほうが好きです。

⑤ ☑ **engineer**

Are you a physician? No, I'm not. I'm an engineer.

あなたは医師ですか？ いいえ、違います。私はエンジニアです。

英語の耳づくり **総仕上げ**

音の聞き取りにチャレンジ① カタカナ語と英語

■練習■　音声を聞いて、下線部の単語を書き取ってみよう。

① I want two ________ .

② There are some ________ on the table.

③ I bought some books on the ________ .

④ He drank ________ too much.

⑤ She stayed at an excellent ________ .

ヒント!

☐ **two** の後には複数形が来る。

☐ **bought** は **buy**「買う」の過去形。

☐ **drank** は **drink**「飲む」の過去形動詞。

☐ **too much** は「過度に」という意味。

☐ **excellent** は「すばらしい」という意味。

■解答■ 答え合わせをして聞き取れなかったところを確認して、完成文を５回以上リピートしよう。

① I want two hamburgers.

（ハンバーガーが2つ欲しいです。）

▶ hamburgerの後ろにつくsはhamburgerが「複数」あることを表します。

② There are some cookies on the table.

（テーブルの上にいくつかクッキーがあります。）

▶ cookieの後ろにつくsはcookieが「複数」あることを表します。on the tableは「机の上に」という意味です。

③ I bought some books on the Internet.

（インターネットで本を何冊か買いました。）

▶ Internetは通常、theをつけて表します。onは「つながっている」という意味の「前置詞」です。反対はoffです。

④ He drank alcohol too much

（彼はアルコールを飲み過ぎました。）

▶ drankはdrink「飲む」の過去形です。通常、動詞の過去形はplayがplayedになるように語尾にedをつけますが、このように不規則に変化することもあります。

⑤ She stayed at an excellent hotel.

（彼女は素晴らしいホテルに泊まりました。）

▶ excellentのようにa / i / u / e / o（母音）で始まる単語の前にはaではなくanを使って「1つの（単数）」を表します。

1. 少し速いスピードの音声を5回以上聞こう。

2. 音声を聞いて、完成文を5回以上音読しよう。

音の聞き取りにチャレンジ② アの音にはいろいろある

■練習■　音声を聞いて、下線部の単語を書き取ってみよう。

062　2 11

① They finally got to the ________ .

② Let's ________ a ________ .

③ Are you still ________ ?

④ Does ________ tooth ________ ?

⑤ ________ ________ is the station from here?

ヒント!

□ **finally** 副　やっと、ついに

□ **Let's ＋ 動詞**　（一緒に）～しましょう

□ **still** 副　まだ

□ **tooth** 名　歯（単数形）

■解答■ 答え合わせをして聞き取れなかったところを確認して、完成文を５回以上リピートしよう。 062 2-11

① They finally got to the hut.

（彼らはようやく小屋に到着した。）

▶ finallyは「ついに」という意味の副詞です。またget to 〜は「〜に到着する」という熟語です。

② Let's sing a song.

（歌を歌いましょう。）

▶ Let's＋動詞の原形は「〜しましょう」という相手を誘うときの表現です。

③ Are you still hungry?

（あなたはまだ空腹なのですか？）

▶ stillは「まだ」という意味の副詞です。

④ Does your tooth hurt?

（あなたは歯が痛むのですか？）

▶ toothは「歯」という意味の名詞です。

⑤ How far is the station from here?

（ここから駅までどれくらいの距離ですか？）

▶ how farは「距離」を尋ねる疑問詞です。

1. 少し速いスピードの音声を５回以上聞こう。

2. 音声を聞いて、完成文を５回以上音読しよう。

音の聞き取りにチャレンジ③ LとR BとV FとH

■練習■ 音声を聞いて、下線部の単語を書き取ってみよう。

064 2 13

① He ________ music ________ much.

② I want to ________ a ________ for her.

③ You should go ________ ________ now.

④ Let's ________ a ________ .

⑤ ________ ________ the door when you

________ .

■解答■ 答え合わせをして聞き取れなかったところを確認して、完成文を５回以上リピートしよう。 064 2-13

① **He likes music very much.**

（彼はとても音楽が好きです。）

▶ He likesのように、主語がI（私は）とYou（あなたは）以外の単数形（1人、1つ）の場合には動詞にsまたはesをつけます。

② **I want to buy a ring for her.**

（私は彼女のために指輪を買いたいです。）

▶ want to＋動詞の原形は「〜したい」という願望を表す表現です。

③ **You should go home right now.**

（あなたは今すぐ家に帰るべきです。）

▶ should＋動詞の原形は「〜すべきだ」という義務を表す表現です。shouldの品詞は助動詞と呼ばれます。

④ **Let's ride a boat.**

（ボートに乗りましょう。）

▶ Let's＋動詞の原形は「〜しましょう」という相手を誘うときの表現です。

⑤ **Please lock the door when you leave.**

（出るときにドアのカギをかけてください。）

▶ when＋主語＋動詞のまとまりで「主語が動詞する時」という意味になります。

1.　少し速いスピードの音声を５回以上聞こう。  065 2-14

英語の耳づくり **総仕上げ**

音の聞き取りにチャレンジ④ 注意したい母音・子音

■**練習**■　音声を聞いて、下線部の単語を書き取ってみよう。

066　2 15

① Let's ________ to the movie ________ .

② What did the man ________ ?

③ We can work at ________ .

④ What do you ________ about it?

⑤ People should ________ ________ ________ .

ヒント!

☐ **movie** 名　映画

☐ **what** 疑　何（を）

☐ **work** 動　働く

☐ **people** 名　人々

■解答■ 答え合わせをして聞き取れなかったところを確認して、完成文を５回以上リピートしよう。

① **Let's go to the movie theater.**

（映画館へ行きましょう。）

▶ movie theaterは「映画館」という意味です。

② **What did the man sell?**

（その男性は何を売っていましたか？）

▶ Whatは「疑問詞」と呼ばれ、疑問文の中で文頭に置いて使われます。

③ **We can work at home.**

（私たちは自宅で働くことができます。）

▶ at homeは「自宅で」という意味を表します。また「くつろいで」という意味で使うこともあります。

④ **What do you think about it?**

（あなたはそれについてどう思いますか？）

▶ aboutは「～について」という意味の前置詞です。

⑤ **People should obey the law.**

（人々は法律に従うべきだ。）

▶ should＋動詞の原形で「～すべきだ」という義務を表す表現を作ることができます。obeyのoは [ou]（二重母音）と発音します。

1. 少し速いスピードの音声を5回以上聞こう。 

2. 音声を聞いて、完成文を5回以上音読しよう。 

英語の耳づくり **総仕上げ**

音の聞き取りにチャレンジ⑤ アクセント

■練習■　音声を聞いて、下線部の単語を書き取ってみよう。

① **Could I have a cup of ________ ?**

② **The ________ changed the world.**

③ **People talked about the ________ problems.**

④ **The manager hired some new ________ .**

⑤ **He became a famous ________ .**

■解答■ 答え合わせをして聞き取れなかったところを確認して、完成文を５回以上リピートしよう。

① **Could I have a cup of coffee?**

（コーヒーを1杯いただけますか？）

▶ a cup of ～は「1杯の～」を表しますが、一般的に、温かい飲み物の場合に使います。冷たい飲み物はa glass of water「水を1杯」のようにglassを使います。

② **The technology changed the world.**

（その技術は世界を変えました。）

▶ technologyの-ologyは「専門や学問」を表すことができます。1つめのoにアクセントがあることを確認しておきましょう。

③ **People talked about the environmental problems.**

（人々は環境の問題について話をしました。）

▶ environmentalはenvironment「環境」から派生した形容詞です。environment [inváiərənmənt] のアクセントはiの上にあります。

④ **The manager hired some new employees.**

（そのマネージャーは何人かの新しい従業員を雇いました。）

▶ employeeのようなeeが用いられている語は、その上にアクセントが置かれるルールがありましたね。

⑤ **He became a famous magician.**

（彼は有名なマジシャンになりました。）

▶ -cianがつく単語には「人」を表すものが多くあります。politician [pàlətíʃən]「政治家」やbeautician [bjuːtíʃən]「美容師」などがあります。

1. 少し速いスピードの音声を５回以上聞こう。 

2. 音声を聞いて、完成文を５回以上音読しよう。 

耳レ1 耳レ2 耳レ3 耳レ4 耳レ5 耳レ6 耳レ7 耳レ8 耳レ9 耳レ10 総仕上げ

音の聞き取りにチャレンジ⑥ 数字の読み方

■練習■ 音声を聞いて、下線部の単語を書き取ってみよう。

070 2-19

① **He was born __________ __________ .**

② **Nearly __________ __________ gathered at the stadium.**

③ **The meat weighed __________ __________ .**

④ **There are __________ __________ __________ in this country.**

⑤ **The man will be __________ __________ __________ next month.**

ヒント!

□ **gathered** 動詞gatherの過去形 gather at ~ ～に集まる

□ **weighed** 自動詞weigh「重さがある」の過去形
（他動詞の場合は「重さを量る」という意味）

□ **in this country** この国に

□ **next month** 来月

■解答■ 答え合わせをして聞き取れなかったところを確認して、完成文を５回以上リピートしよう。

---

① **He was born in 1993.**

（彼は1993年に生まれました。）

▶ was born は「生まれた」という意味の表現です。

---

② **Nearly 300 people gathered at the stadium.**

（およそ300人の人々がスタジアムに集まりました。）

▶ Nearly は「およそ」という意味で用いられる表現で、後ろに「数」を表す語が置かれます。

---

③ **The meat weighed 2.5 pounds.**

（その肉は2.5ポンドの重さでした。）

▶ pound は重さの単位の一つで「1 pound は約0.454 kg」です。

---

④ **There are 120 million people in this country.**

（この国には1億2000万人の人々がいます。）

▶ million は「100万」/ billion は「10億」です。

---

⑤ **The man will be 27 years old next month.**

（その男性は来月で27歳になります。）

▶ 数字＋years＋old で「年齢」を表すことができます。

安コーチの練習メニュー

1. 少し速いスピードの音声を５回以上聞こう。

2. 音声を聞いて、完成文を５回以上音読しよう。

音の聞き取りにチャレンジ⑦ 短縮形の発音

■練習■　音声を聞いて、下線部の単語を書き取ってみよう。

072　CD 2-21

① __________ __________ __________ **go to Okinawa.**

② __________ __________ **the movie before.**

③ __________ __________ **rainy in Tokyo.**

④ **I** __________ __________ **Spanish.**

⑤ __________ __________ **apologize to you.**

ヒント!

☐ **before** 副　以前に、前に
☐ **rainy** 形　雨の、雨降りの
☐ **Spanish** 名　スペイン語
☐ **apologize** 動　謝る

■解答■ 答え合わせをして聞き取れなかったところを確認して、完成文を5回以上リピートしよう。 072 2-21

① I'd like to go to Okinawa.

（私は沖縄に行きたいです。）

▶ I'dはI wouldを表します。またI'dはI hadを表すこともできます。ここではwould like to＋動詞の原形「〜したいです」が使われています。

② We've seen the movie before.

（私たちはその映画を以前に見たことがあります。）

▶ We'veはWe haveを表します。have＋動詞の過去分詞形は「〜したことがある」という「経験」を表すことができます。

③ It isn't rainy in Tokyo.

（東京は雨ではありません。）

▶ isn'tはis＋notを表します。It isn'tはIt's notのように表現することも可能です。

④ I can't speak Spanish.

（私はスペイン語を話すことができません。）

▶ can'tはcannotのように表現することができます。通常、否定文のときには、canとnotを離さないようにして書きます。

⑤ They won't apologize to you.

（彼らはあなたに謝らないでしょう。）

▶ won't [wóunt] はwill notを表します。want [wɑnt] と間違えないようにしましょう。

1. 少し速いスピードの音声を5回以上聞こう。 

2. 音声を聞いて、完成文を5回以上音読しよう。 

英語の耳づくり 総仕上げ

音の聞き取りにチャレンジ⑧ 音の連続と変化

■練習■　音声を聞いて、下線部の単語を書き取ってみよう。

074　2 23

① ________ ________ help me, please?

② Let's ________ ________ song.

③ Why ________ ________ ________ ________?

④ ________ ________ them love traveling.

⑤ I will ________ ________ touch ________ ________.

ヒント!

□ traveling 名 旅行

□ touch 名 接触、連絡が取れていること

■解答■ 答え合わせをして聞き取れなかったところを確認して、完成文を５回以上リピートしよう。 074 2-23

① **Could you help me, please?**

（私を助けていただけませんか？）

▶ Could youの「ヂュ」に近い音に気をつけて聞いてみましょう。

② **Let's sing a song.**

（一緒に歌を歌いましょう。）

▶ sing aの部分が「シンガ」のようになっていることに注意して聞いてみましょう。

③ **Why don't you join us?**

（なぜ参加しないのですか？）

▶ don't youの「チュ」に近い音に気をつけて聞いてみましょう。またjoin usも「ジョイナス」のように聞こえます。

④ **Some of them love traveling.**

（彼らの中には旅行が好きな人もいます。）

▶ Some ofの音のつながりを注意して聞いてみましょう。

⑤ **I will keep in touch with you.**

（私はあなたと連絡をとるつもりです。）

▶ keep in「キーピン」のほかに、with youで作られている「ヂュ」に近い音も気をつけて聞いてみましょう。

1. 少し速いスピードの音声を５回以上聞こう。 

2. 音声を聞いて、完成文を５回以上音読しよう。 

音の聞き取りにチャレンジ⑨ 音の脱落

■練習■　音声を聞いて、下線部の単語を書き取ってみよう。

076　2 25

① He got a ________ job.

② I don't ________ ________ ________ ________ anybody.

③ The ________ exploded.

④ Can I pay by ________ ________?

⑤ What is your ________ ________?

ヒント！

☐ **get a job** 仕事を得る

☐ **not anybody** 誰も～ない

☐ **exploded** 動　自動詞explode「爆発する」の過去・過去分詞形

☐ **pay by** ～で支払う

■解答■　答え合わせをして聞き取れなかったところを確認して、完成文を５回以上リピートしよう。　076　2-25

① He got a part-time job.

（彼はアルバイトの仕事を手にしました。）

▶ アルバイトというのは英語ではありません。part-time jobと表現します。またfull-time jobは「常勤（正社員）の仕事」です。part-time部分でpartのtの音が脱落しています。

② I don't feel like talking to anybody.

（私は誰とも話したくありません。）

▶ not＋anyはno「全く～ない」の意味を持ちます。feel likeの部分でfeelのlの音が脱落しています。

③ The bomb exploded.　（爆弾が爆発しました。）

▶ bombのbは発音しないbでしたね。bの音は発音しないようにしましょう。

④ Can I pay by credit card?

（クレジットカードで払うことはできますか？）

▶ Can I＋動詞の原形 ～？では「～してもいいですか？」という「許可」を求めるときの表現です。creditのtの音が脱落しています。

⑤ What is your top priority?

（あなたの最優先事項は何ですか？）

▶ top priorityで2つのpが重なっています。同じ文字（音）が重なる時には1つ目の音が落ちることに気をつけましょう。top priorityでtopのpの音が脱落しています。

1.　少し速いスピードの音声を５回以上聞こう。

2.　音声を聞いて、完成文を５回以上音読しよう。

英語の耳づくり **総仕上げ**

音の聞き取りにチャレンジ⑩ 意味で起こる強弱

■練習■　音声を聞いて、下線部の単語を書き取ってみよう。

078　2 27

① ______ ______ ______ ______ ______
______ ______ ?　(7 words)

② ______ ______ ______ ______ ______
______ ______ .　(7 words)

③ ______ ______ ______ ______ ______ ______
______ ______ ______ ______ .　(10 words)

④ ______ ______ ______ ______ ______ ______
______ ______ ______ ?　(9 words)

⑤ ______ ______ ______ ______ , ______
______ ______ ?　(7 words)

ヒント!
□ 強弱に注意しながら聞いて、語数に合わせて単語を書き取ってみよう。

■解答■ 答え合わせをして聞き取れなかったところを確認して、完成文を５回以上リピートしよう。 078 2-27

① **Could you give me some more information?**

私にもう少し情報をいただけますか？

▶ giveはgive＋人＋もので「人にものを与える」という意味で使う動詞です。Could youの音のつながりやsome moreの音のつながりも意識しましょう。

② **There is something wrong with the engine.**

エンジンの調子がどこかおかしいです。

▶ There is something wrong with ～「～の調子が悪い」という意味の表現です。somethingのgの音は消えてしまうか非常に小さくなります。

③ **I have never seen such a large bird like this.**

私はこれほど大きな鳥を見たことがありません。

▶ likeは「～のような」という意味の前置詞です。such aの部分にも気をつけて聞いてみましょう。

④ **Can I talk to the manager of this store?**

この店のマネージャーとお話しすることができますか？

▶ Can Iの音のつながり、toの音が短く弱いこと、this storeの音のつながりなどに注意して聞いてみましょう。

⑤ **Which do you prefer, meat or fish?**

あなたは肉と魚のどちらを好みますか？

▶ Whichは「どちらの」という意味の疑問詞で、この文のように、最後に置かれるA or Bという選択肢と共に使われることが多い単語です。

安コーチの練習メニュー

1. 少し速いスピードの音声を５回以上聞こう。

2. 音声を聞いて、完成文を５回以上音読しよう。

音節（シラブル）について理解しよう

英語の音が聞き取れないのは、シラブルを知らないから？

音節（シラブル）とは、言語における音の単位で、ひとまとまりの音として意識されるものです。音節の構造は言語によって違います。

英語の音節の話をする前に、まず日本語について確認しておきましょう。例えば、「タマゴ」は「ta / ma / go」のように「子音と母音」を組み合わせて音を作ります。このta / ma / goの１つ１つを「音節（シラブル）」と呼びます。日本語は文字の数だけ音（音節）があるということになりますね。

一方で、英語の「音節（シラブル）」は、１つ１つの文字ではなく、「母音（a / i / u / e / o）を含む音のまとまり」で考え「子音＋母音＋子音」が基本の形です。bedという単語は、「子音（b）＋母音（e）＋子音（d）」が１つの音節を作っています。

また、母音の周りに多くの子音がまとわりつくこともあります。bringという単語は「子子＋母＋子子」という構造ですが、これで「１つの音節」です。読むときには一息で発音するのです。次に、chocolate（チョコレート）という単語を音節で区切ってみると、「choc・o・late」という３つの「音節」に分けることができます。eは母音を表す字ですが、語尾のeは一般的に発音されないので、「子子母子・母・子母子」となります。日本語の感覚だと「cho・co・late」と分けたくなりますが、英語の音節は「子音で終わる」というルールがありますから、これは誤りです。

私たちが英語を聞き取れないと感じる理由の１つに、この「音節」が作るリズムに慣れていないことがあります。英語特有のリズムを習得するには、上に紹介した「音節」の理解に加え、意識的に聞き取りや音読練習することが大切です。

安コーチの耳レッスン 実践編

基礎編を経て、あなたの耳は英語に向かってかなり“開かれて”きたはずです。そこで、もう一歩踏み込んでみましょう。

ここからは、例えば空港やホテル、ショッピングや電話などといった8つのシチュエーションを想定した実践的なメニューを用意しました。それぞれの場面でよく使われる単語や言い回し、そして実際に交わされる会話でトレーニングすることで、ナマの英語に強い耳を手に入れましょう！

自己紹介

Self-introduction

自己紹介の場面でよく使う単語の練習をしてから、セリフを使った練習に入りましょう。

MISSION: 自己紹介の場面でよく出てくるフレーズの意味と音をマスターせよ。

聞きとり練習1 音声を聞いて、単語を書き取ろう。 081 2 30

音源をフル活用
❶ 単語の意味と音を結びつけよう。
❷ 聞き取り、リピーティング、音読を５回以上練習しよう。

1. [ìntrədjúːs] ____________
2. [ìntrədʌ́kʃən] ____________
3. [míːt] ____________
4. [stréindʒər] ____________
5. [hóumtàun] ____________
6. [féivərit] ____________
7 [fə́ːrst néim] ____________
8. [fǽməli néim] ____________
9. [hɑ́bi] ____________
10. [ɑ̀kjupéiʃən] ____________

ヒント!

1. [ìntrədjúːs] 動 **紹介する** 2. [ìntrədʌ́kʃən] 名 **紹介** 3. [míːt] 動 **会う**
4. [stréindʒər] 名 **見知らぬ人** 5. [hóumtàun] 名 **故郷**
6. [féivərit] 形 **お気に入りの** 7. [fə́ːrst néim] 名 **名前**
8.[fǽməli néim] 名 **名字** 9. [hɑ́bi] 名 **趣味** 10. [ɑ̀kjupéiʃən] 名 **職業**

練習1の答え

1. introduce 2. introduction 3. meet 4. stranger 5. hometown
6. favorite 7. first name 8. family name 9. hobby 10. occupation

くり返し練習でクリアしよう！

1回目	2回目	3回目	4回目	5回目
／10	／10	／10	／10	／10

MISSION: 自己紹介の場面でよく出てくるフレーズの意味と音をマスターせよ。

聞きとり練習2 音声を聞いて、文中の語句を書き取ろう。

音源をフル活用

❶ 最初に流れるのはポーズなしの音声。耳慣らしをしよう。

❷ 次に流れるのがポーズありの音声。音声をまねてリピートしたり、空欄を埋めてみよう。

1. ____________ Tokyo, ____________ .
2. ______________________________ myself.
3. ___________________ Robert Yoshida.
4. ___________________ you.
5. ______________________________ , please?

練習2の答え 音声を聞きながら下の文を見て、聞き取れなかったところをチェックしよう。

1. I'm from **Tokyo,** Japan.
（僕は日本の東京の出身です）

ポイント be from ～は「～出身である」という意味です。

2. I'd like to introduce **myself.**
（自己紹介をします）

ポイント would like to V は want to V よりもていねいな表現で「V したい」という意味です。

3. My name is **Robert Yoshida.**
（僕の名前はロバート吉田です）

ポイント My name is ～は「マイネイミズ」のようにつながって聞こえます。

4. Nice to meet **you.**
（初めまして）

ポイント Glad to meet you. と言うこともあります。

5. May I have your name, **please?**
（お名前を教えていただけますか？）

ポイント may は許可を表す助動詞で「～してもいいですか？」という意味で使います。

音源をフル活用
❶ リスニング：ポーズなしの音声を５回以上聞こう。
❷ 音読：それぞれの文を５回以上音読しよう。
❸ リピーティング：音声のあとについて５回以上リピートしよう。

くり返し練習でクリアしよう！

1回目	2回目	3回目	4回目	5回目
／10	／10	／10	／10	／10

リスニング練習

1回	2回	3回	4回	5回
◯	◯	◯	◯	◯

音読練習

1回	2回	3回	4回	5回
◯	◯	◯	◯	◯

リピーティング

1回	2回	3回	4回	5回
◯	◯	◯	◯	◯

MISSION: 自己紹介でよくある会話の流れと表現をマスターせよ。

聞きとり練習3 長い英文を聞いて、内容をつかみ、語句を聞き取ろう。

音源をフル活用

❶ 最初に流れるのはポーズなしの音声。話の流れと内容を大まかにつかもう。

❷ 次に流れるのがポーズありの音声。語句を聞き取って、空欄を埋めよう。

085 2 34

Robert: Hi, ① __________ . ② __________ Robert Yoshida. I'm from Tokyo, Japan. ③ __________ to ④ __________ Central University.

Naomi: Hi, I'm Naomi Ryan. ⑤ ________________ at Central University.

Robert: Oh, really? ⑥ __________ the Economics Department. ⑦ ____________________ ?

Naomi: Wow! What a coincidence! I'm studying economics, too. Maybe we'll be in ⑧ __________ __________ classes.

内容が理解できているかチェックしよう！

日本語訳

ロバート：こんにちは、初めまして。僕の名前はロバート吉田です。日本の東京の出身です。セントラル大学で学ぶために来ました。

ナオミ：こんにちは。私はナオミ・ライアンです。同じくセントラル大学の学生です。

ロバート：えっ、本当ですか？ 僕は経済学部にいますが。君の専攻は？

ナオミ：まぁ！ なんていう偶然！ 私も経済学を勉強しているんですよ。たぶん、何かの授業で一緒になりそうですね。

☐ **Economics Department**　経済学部　☐ **major** [méidʒər] 名　専攻科目
☐ **coincidence** [kouínsidəns] 名　偶然の一致

ひとくちメモ

このテキストの練習後には、実際に自分自身の自己紹介を作ってみましょう。このレッスンで勉強した単語や表現を組み合わせて、出身地や趣味などを含んだ、自分自身の紹介文でシミュレーションをしてみてください。

耳づくりのヒント

初対面の人に「はじめまして」という場合、Nice to meet you. を使います。meetとyouは、別々に発音しないで「ミーチュー」のように読みましょう。「(私も) あなたにお会いできてうれしいです」のように返答するには、Nice to meet you, too. と言うことができます。Nice to see you. という表現もありますが、この表現はNice to see you again.「再びお会いできてうれしいです」のように「再会」をしたときにも使うこともできます。meetは初対面の相手にのみ使います。

練習3の答え 音声を聞きながら下の囲みを見て、聞き取れなかったところをチェックしよう。 084 2-33

Robert:Hi, / ① nice to meet you. / ② My name is Robert Yoshida. / I'm from Tokyo, Japan. / ③ I came here / to ④ study at Central University.

Naomi: Hi, / I'm Naomi Ryan. / ⑤ I'm also a student / at Central University.

Robert: Oh, / really? / ⑥ I'm in the Economics Department. / ⑦ What's your major ?

Naomi: Wow! / What a coincidence! / I'm studying economics, too. / Maybe / we'll be / in ⑧ some of the same classes.

音源をフル活用

❶ リスニング１＋音読：ポーズなしの音声を５回以上聞こう。さらに完成文を５回以上音読しよう。

❷ リピーティング：ポーズありの音声のあとについて５回以上リピートしよう。

❸ リスニング２：ナチュラルスピードの音声を５回以上聞こう。

くり返し練習でクリアしよう！

１回目	２回目	３回目	４回目	５回目
／10	／10	／10	／10	／10

リスニング１＋音読				
１回	２回	３回	４回	５回

リピーティング				
１回	２回	３回	４回	５回

リスニング２				
１回	２回	３回	４回	５回

耳レッスン 12

ショッピング

Shopping

ショッピングでよく使う単語の練習をしてから、セリフを使った練習に入りましょう。

MISSION: ショッピングの場面でよく出てくるフレーズの意味と音をマスターせよ。

聞きとり練習 1 音声を聞いて、単語を書き取ろう。 087 2-36

音源をフル活用
❶ 単語の意味と音を結びつけよう。
❷ 聞き取り、リピーティング、音読を５回以上練習しよう。

1. ______________ 2. ______________

3. ______________ 4. ______________

5. ______________ 6. ______________

7 ______________ 8. ______________

9. ______________ 10. ______________

ヒント!

1. [kǽʃ] 名 **現金** **2.** [krédit kάrd] 名 **クレジットカード**
3. [rifʌ́nd] 名 **返金** **4.** [sər/sə́ːr] 名 **男性に対するていねいな呼びかけ**
5. [məm/mǽm] 名 **女性に対するていねいな呼びかけ** **6.** [tʃéindʒ] 名 **小銭**
7. [bíl] 名 **紙幣** **8.** [tǽks] 名 **税金** **9.** [kæʃíər] **レジ**
10. [inklúːd] 動 **含む**

練習1の答え

1. cash 2. credit card 3. refund 4. sir 5. ma'am
6. change 7. bill 8. tax 9. cashier 10. include

くり返し練習でクリアしよう！

1回目	2回目	3回目	4回目	5回目
／10	／10	／10	／10	／10

MISSION: ショッピングの場面でよく出てくるフレーズの意味と音をマスターせよ。

聞きとり練習2 音声を聞いて、文中の語句を書き取ろう。

音源をフル活用

❶ 最初に流れるのはポーズなしの音声。耳慣らしをしよう。

❷ 次に流れるのがポーズありの音声。音声をまねてリピートしたり、空欄を埋めてみよう。

1. ＿＿＿＿＿＿＿＿ a credit card here?

2. ＿＿＿＿＿＿＿＿＿＿＿＿＿ , sir?

3. ＿＿＿＿＿＿＿＿ in the price?

4. ＿＿＿＿＿＿ get some ＿＿＿＿＿＿ for this dollar bill, ＿＿＿＿＿＿ ?

5. ＿＿＿＿＿＿＿＿＿＿＿＿＿ , ma'am?

練習2の答え 音声を聞きながら下の文を見て、聞き取れなかったところをチェックしよう。

1. Can I use a credit card here?

（ここではクレジットカードは使えますか？）

ポイント credit cardのtの音は、脱落するため聞こえません。

2. Will that be all, sir?

（これで全部ですか？）

ポイント sirは客や目上の男性に対してのていねいな呼びかけの表現です。

3. Is tax included in the price?

（この値段には税金も含まれていますか？）

ポイント アメリカでの課税の仕方は州によって異なっています。

4. Could I get some small change for this dollar bill, please?

（ドル札を小銭に両替していただけませんか？）

ポイント 人にお願いをする場合には、常にpleaseを使うように心がけましょう。

□ **small change** 小銭　□ **dollar** [dάlər] 名 ドル（通貨の単位）

5. Can I help you with anything, ma'am?

（何かお手伝いいたしましょうか？）

ポイント ma'amはmadamの略で客や目上の女性に対してのていねいな呼びかけの表現です。

音源をフル活用

❶ リスニング：ポーズなしの音声を５回以上聞こう。

❷ 音読：それぞれの文を５回以上音読しよう。

❸ リピーティング：音声のあとについて５回以上リピートしよう。

くり返し練習でクリアしよう！

1回目	2回目	3回目	4回目	5回目
／10	／10	／10	／10	／10

リスニング練習

1回	2回	3回	4回	5回

音読練習

1回	2回	3回	4回	5回

リピーティング

1回	2回	3回	4回	5回

MISSION: ショッピングでよくある会話の流れと表現をマスターせよ。

聞きとり練習3　長い英文を聞いて、内容をつかみ、語句を聞き取ろう。

音源をフル活用

❶ 最初に流れるのはポーズなしの音声。話の流れと内容を大まかにつかもう。　090　2-39

❷ 次に流れるのがポーズありの音声。語句を聞き取って、空欄を埋めよう。　091　2-40

Clerk: Can I ① ________ ② ________ , Miss?

Naomi: Yes, ③ ________________ to match this shirt.

Clerk: OK, I know ④ ________________ looking for. ⑤ ________________ , Miss. How about this one?

Naomi: Well, it ⑥ ________ . ⑦ ________ is it?

Clerk: ⑧ ________ .

内容が理解できているかチェックしよう！

日本語訳

店員：何かお手伝いいたしましょうか、お客様？

ナオミ：ええ、このシャツに合うジャケットを探しているんですが。

店員：はい、お探しのものがありますよ。お客様、こちらへどうぞ。こちらの商品はいかがですか？

ナオミ：まぁ、いい感じですね。いくらですか？

店員：154ドルです。

□ **look for** 探す　□ **match** [mǽtʃ] 動 似合う

ひとくちメモ

買い物に限らず、海外でのやりとりではハッキリと意思表示をするように心がけましょう。表情や状況から相手の意思を推し量るのは日本だけで、特にアメリカではYesやNoなどの意思表示をハッキリとしないと相手もどうしてよいのかわからず、困ってしまいます。No, thank you.などの便利な表現をしっかりと使いこなしましょう。

耳づくりのヒント

買い物のためにお店に入るとCan I help you? や May I help you? のように声をかけられることがあります。実際に、何かを探している場合は、会話にあったようにI'm looking for ～. のように探しているものを伝えることができますが、ウィンドーショッピングで、ただ見ているだけという場面もありますね。その場合には、I'm just looking, thank you. や Browsing, thank you. と答えるとよいでしょう。browsingは[bráuzɪŋ]と発音します。

練習3の答え 音声を聞きながら下の囲みを見て、聞き取れなかったところをチェックしよう。

Clerk: Can I ① help you / ② with anything, / Miss?

Naomi: Yes, / ③ I'm looking for a jacket / to match this shirt.

Clerk: OK, / I know ④ what you may be looking for. / ⑤ Come this way, Miss. / How about this one?

Naomi: Well, / it ⑥ looks nice. / ⑦ How much is it?

Clerk: ⑧ 154 (one hundred and fifty-four) dollars.

音源をフル活用

❶ リスニング１＋音読：ポーズなしの音声を５回以上聞こう。さらに完成文を５回以上音読しよう。

❷ リピーティング：ポーズありの音声のあとについて５回以上リピートしよう。

❸ リスニング２：ナチュラルスピードの音声を５回以上聞こう。

くり返し練習でクリアしよう！

１回目	２回目	３回目	４回目	５回目
／10	／10	／10	／10	／10

リスニング１＋音読

１回	２回	３回	４回	５回

リピーティング

１回	２回	３回	４回	５回

リスニング２

１回	２回	３回	４回	５回

レストラン

Restaurant

レストランでよく使う単語の練習をしてから、セリフを使った練習に入りましょう。

MISSION: レストランの場面でよく出てくるフレーズの意味と音をマスターせよ。

聞きとり練習 1 音声を聞いて、単語を書き取ろう。 093 2 42

音源をフル活用
❶ 単語の意味と音を結びつけよう。
❷ 聞き取り、リピーティング、音読を５回以上練習しよう。

1. ____________　　2. ____________

3. ____________　　4. ____________

5. ____________　　6. ____________

7 ____________　　8. ____________

9. ____________　　10. ____________

ヒント!

1. [ɔ́ːrdər] 名 注文　2. [típ] 名 チップ　3. [rèzərvéiʃən] 名 予約
4. [ǽpətàizər] 名 前菜　5. [sǽləd] 名 サラダ　6. [dizə́ːrt] 名 デザート
7. [stéik] 名 ステーキ　8. [wéldʌ́n] 形 よく焼いた
9. [míːdiəm] 形 ミディアムの（並み焼きの）　10. [réər] 形 レアの（生焼けの）

練習1の答え

1. order　2. tip　3. reservation　4. appetizer　5. salad
6. dessert　7. steak　8. well-done　9. medium　10. rare

くり返し練習でクリアしよう！

1回目	2回目	3回目	4回目	5回目
／10	／10	／10	／10	／10

MISSION: レストランの場面でよく出てくるフレーズの意味と音をマスターせよ。

聞きとり練習2 音声を聞いて、文中の語句を書き取ろう。

音源をフル活用

❶ 最初に流れるのはポーズなしの音声。
耳慣らしをしよう。

❷ 次に流れるのがポーズありの音声。音声をまねて
リピートしたり、空欄を埋めてみよう。

1. Can I ________________ now?

2. Do you ________________ ?

3. ________________ appetizers?

4. __________ would you ______________ ?

5. __________ please ________________ ?

練習2の答え 音声を聞きながら下の文を見て、聞き取れなかったところをチェックしよう。 094 2-43

1. Can I take your order now?

（ご注文をお聞きしてもいいですか？）

ポイント 注文を受けるという場合にはtakeという動詞を使います。

2. Do you have a reservation?

（予約はされていますか？）

ポイント アメリカでは多くの場合、レストランには予約が必要です。

3. Would you like some appetizers?

（前菜はいかがですか？）

ポイント このように日本よりもウエイターとのやりとりが多いのがアメリカのレストランの特徴です。

4. How would you like your steak?

（ステーキの焼き方はどういたしましょう？）

ポイント ステーキや卵の焼き方に関して、このようにたずねられます。卵の場合は、your eggsを使いましょう。

5. Could you please pass me the salt?

（塩を取っていただけますか？）

ポイント 遠くにある調味料は自分で手を伸ばして無理に取るのではなく、このような表現を使いましょう。

☐ **pass** [pǽs] 動 手渡す　☐ **salt** [sɔ́lt] 名 塩

音源をフル活用

❶ リスニング：ポーズなしの音声を５回以上聞こう。
❷ 音読：それぞれの文を５回以上音読しよう。
❸ リピーティング：音声のあとについて５回以上リピートしよう。

くり返し練習でクリアしよう！

1回目	2回目	3回目	4回目	5回目
／10	／10	／10	／10	／10

リスニング練習 1回 2回 3回 4回 5回

音読練習 1回 2回 3回 4回 5回

リピーティング 1回 2回 3回 4回 5回

MISSION: レストランでよくある会話の流れと表現をマスターせよ。

聞きとり練習3 長い英文を聞いて、内容をつかみ、語句を聞き取ろう。

音源をフル活用

❶ 最初に流れるのはポーズなしの音声。話の流れと内容を大まかにつかもう。 096 2 45

❷ 次に流れるのがポーズありの音声。語句を聞き取って、空欄を埋めよう。 097 2 46

Ted: ① ＿＿＿＿＿ . ② ＿＿＿＿＿ now?

Waitress: Yes, sir. ③ ＿＿＿＿＿＿＿＿＿ ?

Ted: ④ ＿＿＿ a chef's ⑤ ＿＿＿ and a ⑥ ＿＿＿ .

Waitress: ⑦ ＿＿＿＿＿＿ your ⑧ ＿＿＿＿ ?

Ted: ⑨ ＿＿＿＿＿ , please.

Waitress: ⑩ ＿＿＿＿＿＿＿ for ⑪ ＿＿＿＿ ?

Ted: No thanks. ⑫ ＿＿＿＿＿＿＿＿＿ of ⑬ ＿＿＿ .

内容が理解できているかチェックしよう！

日本語訳

テッド：すみません。注文してもいいですか？

ウェイトレス：はい、どうぞ。何になさいますか？

テッド：シェフ・ステーキとサイドサラダを。

ウェイトレス：ステーキの焼き方はどういたしましょう？

テッド：ミディアムでお願いします。

ウェイトレス：デザートはいかがですか？

テッド：いえ、いりません。コーヒーだけお願いします。

□ **order** [ɔ́rdər] 動　注文する　　□ **bring** [bríŋ] 動　持ってくる

ひとくちメモ

How would you like your eggs?と尋ねられた場合には、「片面焼き」はsunny-side up、「両面焼き」はover easy、「スクランブルエッグ」はscrambled eggsと答えましょう。How would you like your steak?と尋ねられた場合には、「よく焼いたステーキ」はwell-done、「中くらい程度に焼いたステーキ」はmedium、「軽くあぶっただけのステーキ」はrareと答えます。

耳づくりのヒント

レストランで食事をするときにはWould you like ～？「～はいかがですか？」、What would you like?「何をお好みですか？」のようにwould youという表現がよく使われます。このwould youのように１つめの単語の最後がdでyouが続くと、音の連結が起こりましたね。would youは「ウッヂュー」のような音になります。また「～がほしいです」と言いたい場合にはI would like ～．のように使うことができます。

練習3の答え 音声を聞きながら下の囲みを見て、聞き取れなかったところをチェックしよう。 096 2-45

Ted: ① Excuse me. / ② Can I order now?

Waitress: Yes, sir. / ③ What would you like ?

Ted: ④ I'd like a chef's ⑤ steak / and a ⑥ side salad.

Waitress: ⑦ How would you like / your ⑧ steak?

Ted: ⑨ Medium, please.

Waitress: ⑩ Would you like anything / for ⑪ dessert ?

Ted: No, thanks. / ⑫ Just bring me / a cup of ⑬ coffee.

音源をフル活用

❶ リスニング1＋音読：ポーズなしの音声を5回以上聞こう。さらに完成文を5回以上音読しよう。

❷ リピーティング：ポーズありの音声のあとについて5回以上リピートしよう。

❸ リスニング2：ナチュラルスピードの音声を5回以上聞こう。

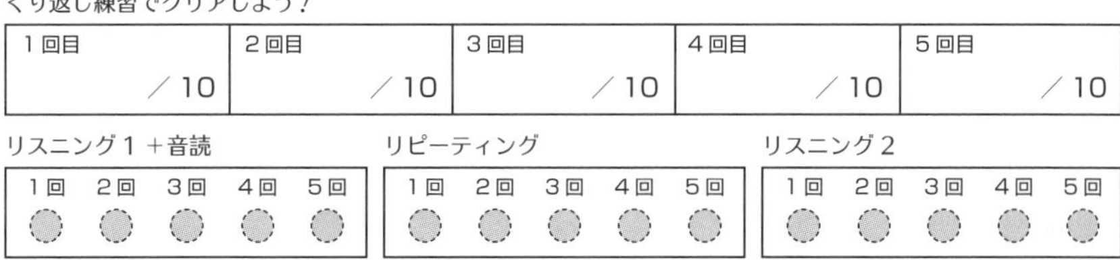

くり返し練習でクリアしよう！

1回目	2回目	3回目	4回目	5回目
／10	／10	／10	／10	／10

リスニング1＋音読				
1回	2回	3回	4回	5回

リピーティング				
1回	2回	3回	4回	5回

リスニング2				
1回	2回	3回	4回	5回

乗り物

Transportation

乗り物に関する場面でよく使う単語の練習をしてから、セリフを使った練習に入りましょう。

MISSION: 乗り物に関する場面でよく出てくるフレーズの意味と音をマスターせよ。

聞きとり練習 1 音声を聞いて、単語を書き取ろう。 099 2 48

音源をフル活用
❶ 単語の意味と音を結びつけよう。
❷ 聞き取り、リピーティング、音読を５回以上練習しよう。

1. ________________ 2. ________________

3. ________________ 4. ________________

5. ________________ 6. ________________

7 ________________ 8. ________________

9. ________________ 10. ________________

ヒント!

1. [trǽnsfər] 名 乗り換え　2. [kǽb] 名 タクシー（米）
3. [iksprés tréin] 名 急行列車　4. [əráivəl] 名 到着　5. [diléi] 名 遅延
6. [fláit əténdənt] 名 客室乗務員　7. [áil síːt] 通路側の席
8. [wíndou síːt] 窓際の席　9. [gét ɔf ðə tréin] 電車を降りる
10. [gét ən ə bʌ́s] バスに乗る

練習1の答え

1. transfer　2. cab　3. express train　4. arrival　5. delay　6. flight attendant
7. aisle seat　8. window seat　9. get off the train　10. get on a bus

くり返し練習でクリアしよう！

1回目	2回目	3回目	4回目	5回目
／10	／10	／10	／10	／10

MISSION: 乗り物に関する場面でよく出てくるフレーズの意味と音をマスターせよ。

聞きとり練習2　音声を聞いて、文中の語句を書き取ろう。

音源をフル活用

❶ 最初に流れるのはポーズなしの音声。耳慣らしをしよう。 

❷ 次に流れるのがポーズありの音声。音声をまねてリピートしたり、空欄を埋めてみよう。  

1. ______________________ to get to the beach by ____ ?

2. ______ at the _______ and ________ bus.

3. ____________ here and transfer at the ____________ .

4. ____ is the ___________ to Central City.

5. We'll ____________ at the next station.

練習2の答え 音声を聞きながら下の文を見て、聞き取れなかったところをチェックしよう。

100 2 49

1. How long does it take to get to the beach by bus?

（ビーチまではバスでどのくらいかかりますか？）

ポイント How long does it take ～？（どれくらい時間がかかりますか）はよく使う表現なので、まとめて覚えておきましょう。

2. Get off at the next stop and take the #3 (number three) bus.

（次の停留所で降り、3番のバスに乗ってください）

ポイント getの語尾はラ行に近い音になり、「ゲッロフ」のように聞こえます。

□ **stop** [stáp] 名 停留所

3. Get on a train here and transfer at the second station.

（ここで列車に乗り、2番目の駅で乗り換えてください）

ポイント getの語尾はラ行に近い音になり、「ゲロン」のように聞こえます。

4. This is the express train going to Central City.

（これはセントラル・シティ行きの急行列車です）

ポイント goingは分詞で形容詞のような働きをし、trainを修飾しています。

5. We'll make a brief stop at the next station.

（次の駅で少しの間止まります）

ポイント 新幹線の英語アナウンスでよく耳にします。

□ **brief** [brí:f] 形 短時間の

音源をフル活用

❶ リスニング：ポーズなしの音声を5回以上聞こう。

❷ 音読：それぞれの文を5回以上音読しよう。

❸ リピーティング：音声のあとについて5回以上リピートしよう。

くり返し練習でクリアしよう！

1回目	2回目	3回目	4回目	5回目
／10	／10	／10	／10	／10

リスニング練習

1回	2回	3回	4回	5回
○	○	○	○	○

音読練習

1回	2回	3回	4回	5回
○	○	○	○	○

リピーティング

1回	2回	3回	4回	5回
○	○	○	○	○

MISSION: 乗り物に関する場面でよくある会話の流れと表現をマスターせよ。

聞きとり練習3 長い英文を聞いて、内容をつかみ、語句を聞き取ろう。

音源をフル活用

❶ 最初に流れるのはポーズなしの音声。話の流れと内容を大まかにつかもう。 102 2-51

❷ 次に流れるのがポーズありの音声。語句を聞き取って、空欄を埋めよう。 103 2-52

Ted: How can I ① _____ the airport?

Naomi: There are ② __________ to go therer. The ③ ________ , but ④ ________________ is to ⑤ _______ __________ . If you wanna save money, you should take a bus or a train. ⑥ __________________________ the ⑦ _________________ to the ⑧ _____ . If ⑨ ______ _____ a more comfortable ride, I ⑩ _________ you ⑪ _________ .

Ted: Thanks, I think I'm ⑫ __________________ .

内容が理解できているかチェックしよう！

日本語訳

テッド：空港まではどう行ったらいいの？

ナオミ：いろいろな方法があるわ。いちばん簡単だけどいちばん高いのが、タクシーに乗ること。節約したいならバスか電車ね。バスなら、メイン・バスターミナルから空港まで直行があるの。もっと快適に移動するなら電車で行くことをおすすめするわ。

テッド：ありがとう、タクシーに乗ることにするよ。

☐ **directly** [dəréktli] 副 直行して　☐ **comfortable** [kʌ́mftəbl] 形 快適な
☐ **recommend** [rèkəménd] 動 すすめる

ひとくちメモ

　このレッスンの表現をしっかりと勉強して、新幹線や飛行機の英語アナウンスに耳を傾けてみましょう。英語のアナウンスをメモを取りながら聞くと、大変勉強になると思いますよ。何でも勉強に利用してしまう積極性が大切ですね。

耳づくりのヒント

　乗り物を利用する際、目的地にたどり着くために必要な「時間」「距離」や「費用」をしっかり確認することが大切です。How long「時間」/ How far「距離」/ How much「費用」といった表現はしっかり覚えておきましょう。また乗り物に乗るという表現では、会話の中でも使われていたようにtakeが好んで使われます。take a cabではtake＋aの部分が「テイクァ」のように発音されていることに気をつけて練習しましょう。

練習3の答え 音声を聞きながら下の囲みを見て、聞き取れなかったところをチェックしよう。 102 2-51

Ted: How can I ① get / to the airport?

Naomi: There are ② several ways / to go there. /The ③ easiest, / but ④ most expensive way / is to ⑤ just take a cab. / If you wanna save money, /you should take a bus / or a train. / ⑥ Buses go directly / from the ⑦ main bus terminal / to the ⑧ airport. / If ⑨ you'd like / a more comfortable ride, / I ⑩ recommend / you ⑪ take a train.

Ted: Thanks, / I think / I'm ⑫ just gonna take a cab.

音源をフル活用

❶ リスニング1＋音読：ポーズなしの音声を5回以上聞こう。さらに完成文を5回以上音読しよう。

❷ リピーティング：ポーズありの音声のあとについて5回以上リピートしよう。

❸ リスニング2：ナチュラルスピードの音声を5回以上聞こう。

くり返し練習でクリアしよう！

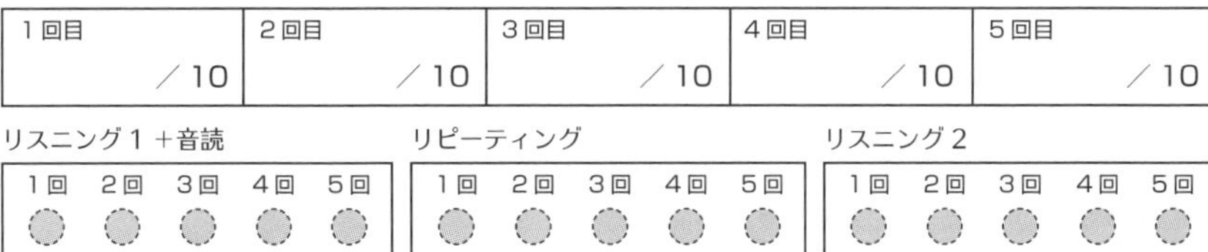

1回目	2回目	3回目	4回目	5回目
／10	／10	／10	／10	／10

リスニング1＋音読

1回	2回	3回	4回	5回

リピーティング

1回	2回	3回	4回	5回

リスニング2

1回	2回	3回	4回	5回

空港

Airport

空港の場面でよく使う単語の練習をしてから、セリフを使った練習に入りましょう。

MISSION: 空港の場面でよく出てくるフレーズの意味と音をマスターせよ。

聞きとり練習 1 音声を聞いて、単語を書き取ろう。

音源をフル活用
❶ 単語の意味と音を結びつけよう。
❷ 聞き取り、リピーティング、音読を５回以上練習しよう。

1. ______________　2. ______________

3. ______________　4. ______________

5. ______________　6. ______________

7 ______________　8. ______________

9. ______________　10. ______________

ヒント!

1. [diklɛ́ər] 動 申告する　2. [pǽspɔːrt] 名 パスポート
3. [bɔ́ːrdiŋ pǽs] 名 搭乗券　4. [bǽgidʒ kléim] 手荷物引き渡し所
5. [sáitsìːiŋ] 名 観光　6. [sikjúərəti tʃék] 保安検査（セキュリティーチェック）
7. [ìməgréiʃən] 名 入国　8. [kʌ́stəmz] 名 税関
9. [métl ɑ́bdʒikt] 金属の物体　10. [tʃékin káuntər] チェックインカウンター

練習1の答え

1. declare　2. passport　3. boarding pass　4. baggage claim
5. sightseeing　6. security check　7. immigration　8. customs
9. metal object　10. check-in counter

くり返し練習でクリアしよう！

1回目	2回目	3回目	4回目	5回目
／10	／10	／10	／10	／10

MISSION: 空港の場面でよく出てくるフレーズの意味と音をマスターせよ。

聞きとり練習2 音声を聞いて、文中の語句を書き取ろう。

音源をフル活用

❶ 最初に流れるのはポーズなしの音声。耳慣らしをしよう。

❷ 次に流れるのがポーズありの音声。音声をまねてリピートしたり、空欄を埋めてみよう。

1. ＿＿＿＿＿＿ are you ＿＿＿＿＿＿ now?

2. ＿＿＿＿ the ＿＿＿＿＿＿＿＿ ?

3. ＿＿＿＿＿＿＿＿＿＿＿＿＿＿ and boarding pass?

4. Do you ＿＿＿＿＿＿ the ＿＿＿＿＿＿ ?

5. Do you ＿＿＿＿＿＿＿＿＿＿＿＿ ?

練習2の答え 音声を聞きながら下の文を見て、聞き取れなかったところをチェックしよう。

1. How much cash are you carrying with you now?
（今、手持ちの現金はいくらですか？）

ポイント have ～ with 人 は「～を携帯している」という意味になります。

2. What's the purpose of your visit?
（訪問の目的は何ですか？）

ポイント この文でのvisitは「訪問」という意味の名詞として使われています。

□ **purpose** [pə́ːrpəs] 名 目的

3. Could I see your passport and boarding pass?
（パスポートと搭乗券を見せていただけますか？）

ポイント パスポートという単語のアクセントに注意しましょう。

4. Do you know where the baggage claim area is?
（手荷物引渡し所の場所はどこかご存じですか？）

ポイント Do you know where ～ is?はよく使う表現なので丸ごと覚えておきましょう。

□ **area** [ɛ́əriə] 名 場所

5. Do you have anything to declare?
（何か申告するものはありますか？）

ポイント 税関での課税品の申告の際に使われる表現です。

音源をフル活用

❶ リスニング：ポーズなしの音声を５回以上聞こう。
❷ 音読：それぞれの文を５回以上音読しよう。
❸ リピーティング：音声のあとについて５回以上リピートしよう。

くり返し練習でクリアしよう！

1回目	2回目	3回目	4回目	5回目
／10	／10	／10	／10	／10

音読練習

1回	2回	3回	4回	5回

リスニング練習

1回	2回	3回	4回	5回

リピーティング

1回	2回	3回	4回	5回

MISSION: 空港の場面でよくある会話の流れと表現をマスターせよ。

聞きとり練習 3 長い英文を聞いて、内容をつかみ、語句を聞き取ろう。

音源をフル活用

❶ 最初に流れるのはポーズなしの音声。
話の流れと内容を大まかにつかもう。

❷ 次に流れるのがポーズありの音声。
語句を聞き取って、空欄を埋めよう。

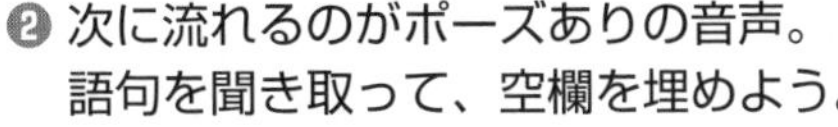

Ted: Excuse me, ma'am. Can I check in here ?

Clerk: Yes, sir. ① ________________ and ② ______ ?

Ted: ③ ______________ .

Clerk: Do you ④ _______________ to ⑤ ______ ?

Ted: Well, I ⑥ _____________ . Can I ⑦ __________ __________ the ⑧ _______ ?

Clerk: Sure. Here's ⑨ _____________ . The plane is boarding at Gate 49. Just proceed ⑩ ________ ________________________________ , please.

内容が理解できているかチェックしよう！

日本語訳

テッド：すみません。ここで搭乗手続きはできますか？

係員：はい、できます。パスポートとチケットをお見せください。

テッド：これです。

係員：預ける荷物はありますか？

テッド：えーと、このバッグだけなのですが、機内に持ち込めますか？

係員：大丈夫です。これが搭乗券です。49番ゲートでの搭乗となります。私のちょうど後ろにあるセキュリティーチェックをお進みください。

□ **Here you are.** こちらです、これです　□ **proceed** [prəsíːd] 動　進む

ひとくちメモ

入国審査では、ハッキリと重要な事項だけを端的に伝えましょう。余計なことを話して会話の練習をしようとすると、怪しまれたり、いやがられたりしてしまうので（私がそうでした）、会話の練習は入国してからのお楽しみです。

耳づくりのヒント

飛行機に乗る前の手続をするときの会話のキーワードは、check in「搭乗手続きをする／機内に（荷物を）預ける」やpassport「パスポート」、boarding pass「搭乗券」などがあります。check inは「チェキン」のように読まれます。またpassportのaは「エァ」のように発音します。aの音にはいくつかあると勉強しましたが、この「エァ」の音を作るaの音は、その単語のアクセント（強く読む部分）になっていることも重要です。注意して練習しておきましょう。

練習3の答え 音声を聞きながら下の囲みを見て、聞き取れなかったところをチェックしよう。 108 2-57

Ted: Excuse me, ma'am. / Can I check in here?

Clerk: Yes, sir. / ① Could I have your passport / and ② ticket?

Ted: ③ Here you are.

Clerk: Do you ④ have any baggage / to ⑤ check in?

Ted: Well, I ⑥ just have this bag. / Can I ⑦ carry it / onto the ⑧ plane?

Clerk: Sure. / Here's ⑨ your boarding pass. / The plane is boarding / at Gate 49. / Just proceed / ⑩ through the security check / right behind me, / please.

音源をフル活用

❶ リスニング１＋音読：ポーズなしの音声を５回以上聞こう。さらに完成文を５回以上音読しよう。

❷ リピーティング：ポーズありの音声のあとについて５回以上リピートしよう。

❸ リスニング２：ナチュラルスピードの音声を５回以上聞こう。

くり返し練習でクリアしよう！

1回目	2回目	3回目	4回目	5回目
／10	／10	／10	／10	／10

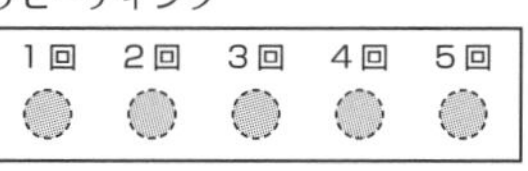

リスニング１＋音読: 1回 2回 3回 4回 5回

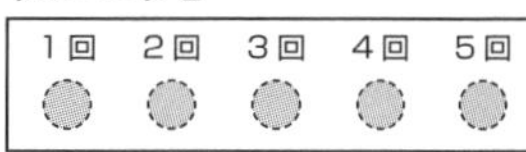

リピーティング: 1回 2回 3回 4回 5回

リスニング２: 1回 2回 3回 4回 5回

耳レッスン16

ホテル

Hotel

ホテルの場面でよく使う単語の練習をしてから、セリフを使った練習に入りましょう。

MISSION: ホテルの場面でよく出てくるフレーズの意味と音をマスターせよ。

聞きとり練習 1 音声を聞いて、単語を書き取ろう。

音源をフル活用
❶ 単語の意味と音を結びつけよう。
❷ 聞き取り、リピーティング、音読を５回以上練習しよう。

1. __________　2. __________

3. __________　4. __________

5. __________　6. __________

7 __________　8. __________

9. __________　10. __________

ヒント!

1. [frʌ́nt désk] 名 フロント　2. [dipázit] 名 預かり金　3. [séif] 名 金庫
4. [túər désk] ツアーデスク　5. [lábi] 名 ロビー
6. [sékənd flɔ́r] 名 2階（イギリス英語では3階）
7. [wéikʌ̀p kɔ̀:l] モーニングコール　8. [réit] 名 料金
9. [rú:m sə́:rvis] ルームサービス　10. [tʃékàut táim] チェックアウトの時間

練習1の答え

1. front desk 2. deposit 3. safe 4. tour desk 5. lobby 6. second floor
7. wake-up call 8. rate 9. room service 10. checkout time

くり返し練習でクリアしよう！

1回目	2回目	3回目	4回目	5回目
／10	／10	／10	／10	／10

MISSION: ホテルの場面でよく出てくるフレーズの意味と音をマスターせよ。

聞きとり練習2 音声を聞いて、文中の語句を書き取ろう。

音源をフル活用

❶ 最初に流れるのはポーズなしの音声。耳慣らしをしよう。

❷ 次に流れるのがポーズありの音声。音声をまねてリピートしたり、空欄を埋めてみよう。

1. Can I ________ the ________________ ?

2. __________________________ for ______ tomorrow morning.

3. ___________ for a room tonight.

4. _____________________________ and an extension cord?

5. ________________ to _____ the _______ ?

練習2の答え 音声を聞きながら下の文を見て、聞き取れなかったところをチェックしよう。 112 2 61

（部屋の鍵をいただけますか？）

ポイント 「～の鍵」はkey to ～と表現されます。

2. I'd like a wake-up call for 7:00(seven) tomorrow morning.

（明朝7時にモーニングコールをお願いします）

ポイント I'd like ～ . は「～をお願いします」という意味の重要表現です。

3. I'd like to make a reservation for a room tonight.

（今夜、1室予約したいのですが）

ポイント I'd like to V. は「Vしたい」という意味の重要表現です。

□ **make a reservation** 予約をする

4. Could I borrow a hair dryer and an extension cord?

（ヘアドライヤーと延長コードをお借りできますか？）

ポイント 移動可能な物品を無料で借りる場合にはborrowという動詞を使います。

□ **extension** [ikstén∫ən] 名 延長　□ **cord** [kɔ́ːrd] 名 コード

5. What number should I dial to call the front desk?

（フロントにかけるには何番をダイヤルすればいいですか？）

ポイント 日本語の「フロント」では通じません。英語ではfront deskです。

音源をフル活用

❶ リスニング：ポーズなしの音声を5回以上聞こう。

❷ 音読：それぞれの文を5回以上音読しよう。

❸ リピーティング：音声のあとについて5回以上リピートしよう。

くり返し練習でクリアしよう！

1回目	2回目	3回目	4回目	5回目
／10	／10	／10	／10	／10

リスニング練習					音読練習					リピーティング				
1回	2回	3回	4回	5回	1回	2回	3回	4回	5回	1回	2回	3回	4回	5回
○	○	○	○	○	○	○	○	○	○	○	○	○	○	○

MISSION: ホテルの場面でよくある会話の流れと表現をマスターせよ。

聞きとり練習 3 長い英文を聞いて、内容をつかみ、語句を聞き取ろう。

音源をフル活用

❶ 最初に流れるのはポーズなしの音声。話の流れと内容を大まかにつかもう。 114 2 63

❷ 次に流れるのがポーズありの音声。語句を聞き取って、空欄を埋めよう。 115 2 64

Ted: Hi, I ① ____________ , but are there any rooms available ② ________ ?

Clerk: Well, ③ ____ our ④ ________ are ⑤ ________ ________ , but we have one twin room available.

Ted: ⑥ ____________________ for the twin room?

Clerk: ⑦ ________ it's ⑧ ________ , but if you're ⑨ ________ , it's ⑩ ________ , ⑪ ______ an ⑫ ________ 10 ⑬ ____________ .

内容が理解できているかチェックしよう！

日本語訳

テッド：こんにちは、予約していないのですが、今夜、部屋は空いていますか？

受付係：えーと、シングルルームは満室ですが、ツインルームでしたら１室ご用意できます。

テッド：ツインルームはいくらですか？

受付係：通常は１泊120ドルですが、お一人でお泊りの場合は１泊90ドルプラス10%の税金となります。

☐ **reservation** [rèzərvéiʃən] 名　予約　☐ **book** [búk] 動　予約する
☐ **rate** [réit] 名　料金　☐ **additional** [ədíʃənəl] 形　追加の

ひとくちメモ

日本人はよくホテルやレストランでtip（チップ）を忘れてしまいがちですが、荷物を持ってもらった場合には１個１ドル、ベッドメイキングも１回１ドル以上を目安に、忘れないようにしましょう。チップはあくまでも「気持ち」の表現なので、サービスに応じて額を増減します。

耳づくりのヒント

ホテルに滞在するときにも短い文や会話の中に見られる単語をしっかりチェックしておくようにしましょう。短い文のディクテーションにあったモーニングコールは英語ではa wake-up callと表現します。wake-upはkとuの音が連結され「ウェイカッ（プ）」のように聞こえます。（プ）の部分ははっきり読まれることが少なく、聞こえないこともあります。

練習3の答え 音声を聞きながら下の囲みを見て、聞き取れなかったところをチェックしよう。 

Ted: Hi, / I ① don't have a reservation, / but are there any rooms available / ② for tonight?

Clerk: Well, / ③ all our ④ single rooms / are ⑤ fully booked, / but we have / one twin room available.

Ted: ⑥ What's the rate / for the twin room?

Clerk: ⑦ Usually / it's ⑧ 120(a hundred twenty) dollars a night, / but if you're ⑨ staying alone, / it's ⑩ 90 dollars a night, / ⑪ plus an ⑫ additional 10 ⑬ percent / for tax.

音源をフル活用

❶ リスニング1＋音読：ポーズなしの音声を5回以上聞こう。さらに完成文を5回以上音読しよう。  

❷ リピーティング：ポーズありの音声のあとについて5回以上リピートしよう。 

❸ リスニング2：ナチュラルスピードの音声を5回以上聞こう。 

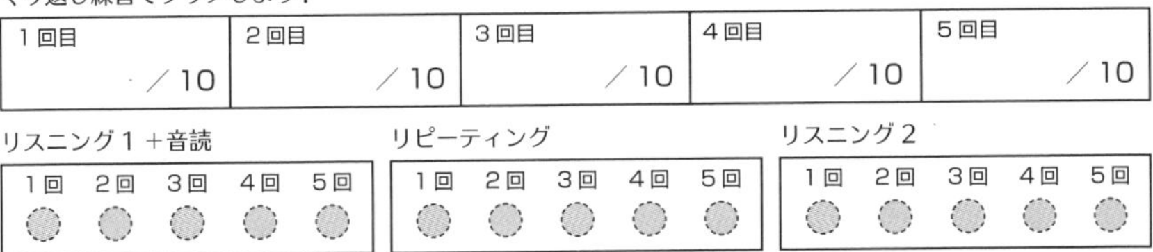

くり返し練習でクリアしよう！

1回目	2回目	3回目	4回目	5回目
／10	／10	／10	／10	／10

リスニング1＋音読

1回	2回	3回	4回	5回

リピーティング

1回	2回	3回	4回	5回

リスニング2

1回	2回	3回	4回	5回

道案内

Showing the way

道案内の場面でよく使う単語の練習をしてから、セリフを使った練習に入りましょう。

MISSION: 道案内の場面でよく出てくるフレーズの意味と音をマスターせよ。

聞きとり練習1 音声を聞いて、単語を書き取ろう。

音源をフル活用
❶ 単語の意味と音を結びつけよう。
❷ 聞き取り、リピーティング、音読を５回以上練習しよう。

1. ______________________ 2. ______________________

3. ______________________ 4. ______________________

5. ______________________ 6. ______________________

7 ______________________ 8. ______________________

9. ______________________ 10. ______________________

ヒント!

1. [tə́ːrn] 動 曲がる　2. [ráit] 名 右　3. [léft] 名 左
4. [stréit] 副 まっすぐに　5. [ìntərsékʃən] 名 交差点
6. [blák] 名 区画、ブロック　7. [ápəzit] 形 ～の反対に
8. [mís] 動 見逃す　9. [bʌ́s stáp] 名 バス停
10. [plǽtfɔ̀rm] 名 プラットフォーム

練習1の答え

1. turn　2. right　3. left　4. straight　5. intersection
6. block　7. opposite　8. miss　9. bus stop　10. platform

くり返し練習でクリアしよう！

1回目	2回目	3回目	4回目	5回目
／10	／10	／10	／10	／10

MISSION: 道案内の場面でよく出てくるフレーズの意味と音をマスターせよ。

聞きとり練習2 音声を聞いて、文中の語句を書き取ろう。

音源をフル活用

❶ 最初に流れるのはポーズなしの音声。耳慣らしをしよう。

❷ 次に流れるのがポーズありの音声。音声をまねてリピートしたり、空欄を埋めてみよう。

1. __________ at the __________ .

2. It's about a _______________ .

3. __________ for ________________ .

4. ____________________ to the station?

5. The ______ is ______ the ______ .

練習2の答え 音声を聞きながら下の文を見て、聞き取れなかったところをチェックしよう。

1. Turn right at the next corner.
（次の角を右折してください）

ポイント turn rightは「右折する」、turn leftは「左折する」という意味です。

2. It's about a five-minute walk from here.
（ここから歩いて５分くらいです）

ポイント この文のwalkは「徒歩」という名詞で使われています。

3. Walk straight for another three blocks.
（あと３ブロックほど直進してください）

ポイント アメリカでは道案内をする際にblock（区画）をよく使います。

4. How long does it take from here to the station?
（ここから駅までどれくらいかかりますか？）

ポイント 「時間がかかる」という場合には、itを主語にしてtakeという動詞を使います。

5. The bank is opposite the drugstore.
（銀行は薬局の向かい側にあります）

ポイント oppositeは「～の向かい側に」という意味の前置詞です。
□ **drugstore** [drʌ́gstɔ̀ːr] 名 薬局

音源をフル活用
❶ リスニング：ポーズなしの音声を５回以上聞こう。
❷ 音読：それぞれの文を５回以上音読しよう。
❸ リピーティング：音声のあとについて５回以上リピートしよう。

くり返し練習でクリアしよう！

1回目	2回目	3回目	4回目	5回目
／10	／10	／10	／10	／10

リスニング練習 1回 2回 3回 4回 5回
音読練習 1回 2回 3回 4回 5回
リピーティング 1回 2回 3回 4回 5回

MISSION: 道案内の場面でよくある会話の流れと表現をマスターせよ。

聞きとり練習3 長い英文を聞いて、内容をつかみ、語句を聞き取ろう。

音源をフル活用

❶ 最初に流れるのはポーズなしの音声。話の流れと内容を大まかにつかもう。 120 2-69

❷ 次に流れるのがポーズありの音声。語句を聞き取って、空欄を埋めよう。 121 2-70

Ted: How can I ① ________ Big Apple Travel Agency from here?

Naomi: Well, ② ________ Fifth Avenue for ③ ________ ________ until you find a ④ ____________. Then make a left and ⑤ ____________ for about four blocks. You'll see a ⑥ __________ on your left. That's the travel agency. You ⑦ ______________.

Ted: ⑧ ______________ does ⑨ ______ to ⑩ ______ from here?

Naomi: Only ⑪ ____________.

内容が理解できているかチェックしよう！

日本語訳

テッド：ここからビッグアップル旅行代理店まではどのように行けばいい？

ナオミ：えーと、５番街に沿ってあと３ブロックほど進むと、右手に大きな教会が見えるわ。そこを左折してそのまま４ブロックほど直進すると、左手に大きな黄色い看板が見えるはず。それが旅行代理店よ。すぐにわかると思うわ。

テッド：ここからはどれくらいかかる？

ナオミ：10分程度ね。

□ **travel agency** 旅行代理店　　□ **sign** [sáin] 名　看板

ひとくちメモ

旅行で外国に行っても、英語を話す機会は意外に少ないものです。しかしせっかくですから、いろいろな人にどんどん話しかけてみましょう。道を尋ねるのは話しかけるよいきっかけになりますよ。答えてくれた人へのお礼を忘れないようにしましょうね。

耳づくりのヒント

建物などの場所を示すのによく使われる表現に、on your right「右側に」/ on your left「左側に」があります。rightはlとrの発音の違いのところで学習したように、「舌を口の中のどこにもつけずに舌の先を上に丸め『ウ』に近い音を出す」ことに注意してください。またYou can't miss it.も「道案内」で頻出の表現です。miss itは「ミシッ（ト)」のように発音されます。ここでも音の連結が確認できますね。

練習3の答え 音声を聞きながら下の囲みを見て、聞き取れなかったところをチェックしよう。

Ted: How can I ① get to / Big Apple Travel Agency from here?

Naomi: Well, / ② go along Fifth Avenue / for ③ three more blocks / until you find a ④ big church / on your right. / Then make a left / and ⑤ keep going straight / for about four blocks. / You'll see a ⑥ big yellow sign / on your left. / That's the travel agency. / You ⑦ can't miss it.

Ted: ⑧ About how long / does ⑨ it take / to ⑩ get there / from here?

Naomi: Only ⑪ about ten minutes.

音源をフル活用

❶ リスニング１＋音読：ポーズなしの音声を５回以上聞こう。さらに完成文を５回以上音読しよう。

❷ リピーティング：ポーズありの音声のあとについて５回以上リピートしよう。

❸ リスニング２：ナチュラルスピードの音声を５回以上聞こう。

くり返し練習でクリアしよう！

１回目	２回目	３回目	４回目	５回目
／10	／10	／10	／10	／10

リスニング１＋音読

１回	２回	３回	４回	５回
◯	◯	◯	◯	◯

リピーティング

１回	２回	３回	４回	５回
◯	◯	◯	◯	◯

リスニング２

１回	２回	３回	４回	５回
◯	◯	◯	◯	◯

電話

Telephone

電話の場面でよく使う単語の練習をしてから、セリフを使った練習に入りましょう。

MISSION: 電話の場面でよく出てくるフレーズの意味と音をマスターせよ。

聞きとり練習1 音声を聞いて、単語を書き取ろう。 123 2-72

音源をフル活用
❶ 単語の意味と音を結びつけよう。
❷ 聞き取り、リピーティング、音読を５回以上練習しよう。

1. ______________ 2. ______________

3. ______________ 4. ______________

5. ______________ 6. ______________

7 ______________ 8. ______________

9. ______________ 10. ______________

ヒント!

1. [kɔ́ːl] 動 電話をかける　2. [risíːvər] 名 受話器　3. [láin] 名 回線
4. [rɔ̀ːŋ nʌ́mbər] 間違い電話　5. [líːv ə mésidʒ] 伝言を残す
6. [hǽŋ ʌ́p] 電話を切る　7. [kɔ̀ːl bǽk] 電話をかけ直す
8. [hóuld ɑn] 電話を切らないで待つ　9. [tɔ̀ːk tu] ～と話す
10. [ǽnsəriŋ məʃíːn] 留守番電話

耳レ 11
耳レ 12
耳レ 13
耳レ 14
耳レ 15
耳レ 16
耳レ 17
耳レ 18
エクササイズ

練習1の答え

1 call　2. receiver　3. line　4. wrong number　5. leave a message
6. hang up　7. call back　8. hold on　9. talk to　10. answering machine

くり返し練習でクリアしよう！

1回目	2回目	3回目	4回目	5回目
／10	／10	／10	／10	／10

MISSION: 電話の場面でよく出てくるフレーズの意味と音をマスターせよ。

聞きとり練習2　音声を聞いて、文中の語句を書き取ろう。

音源をフル活用

❶ 最初に流れるのはポーズなしの音声。耳慣らしをしよう。

❷ 次に流れるのがポーズありの音声。音声をまねてリピートしたり、空欄を埋めてみよう。

1. ________________ Mr.Yamada, please?

2. May I ________________ , please?

3. ___________ Ted Yamada ___________ .

4. ________________________________ ?

5. We're sorry. Naomi ________________ .

練習2の答え 音声を聞きながら下の文を見て、聞き取れなかったところをチェックしよう。

1. Could I talk to Mr.Yamada, please?
（山田さんをお願いできますか？）

ポイント talk toやspeak toの直後に相手の名前を続けます。

2. May I ask who's calling, please?
（どちらさまでしょうか？）

ポイント callだけで「電話をかける」という意味になります

3. This is Ted Yamada speaking.
（テッド山田と申します）

ポイント This is ～ speaking.は「こちらは～です」という意味の電話表現です。

4. Could you hold on a second?
（少々お待ちくださいませ）

ポイント secondはもともと「秒」という意味です。
□ **second** [sékənd] 名 ちょっとの間

5. We're sorry. Naomi is not in right now.
（申し訳ございません。ナオミはただいま席におりません）

ポイント be inは「在宅中」「在勤中」、be outは「外出中」という意味です。
□ **right now** [ráit náu] ただ今

音源をフル活用
❶ リスニング：ポーズなしの音声を5回以上聞こう。
❷ 音読：それぞれの文を5回以上音読しよう。
❸ リピーティング：音声のあとについて5回以上リピートしよう。

くり返し練習でクリアしよう！

1回目	2回目	3回目	4回目	5回目
／10	／10	／10	／10	／10

リスニング練習

1回	2回	3回	4回	5回

音読練習

1回	2回	3回	4回	5回

リピーティング

1回	2回	3回	4回	5回

MISSION: 電話の場面でよくある会話の流れと表現をマスターせよ。

聞きとり練習3 長い英文を聞いて、内容をつかみ、語句を聞き取ろう。

❶ 最初に流れるのはポーズなしの音声。話の流れと内容を大まかにつかもう。

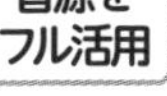

❷ 次に流れるのがポーズありの音声。語句を聞き取って、空欄を埋めよう。

Ted: Hello, ① ________ Ted. ② ________ Naomi?

Naomi: Hi, Ted. ③ __________ ?

Ted: Well, I ④ ______________________ Bob, and he said he has ⑤ ________________ to the basketball game this evening. I ⑥ ________________ you ⑦ ______________________ us.

Naomi: Thanks for ⑧ __________ , but let me check my schedule first and ⑨ __________ .

内容が理解できているかチェックしよう！

日本語訳

テッド：やぁ、テッドだけど。ナオミ？

ナオミ：こんにちは、テッド。どうしたの？

テッド：うん、ボブから電話をもらったんだけど、今夜のバスケットボールの試合のチケットが２枚余ってるんだって。君も一緒に行かないかなと思って。

ナオミ：誘ってくれてありがとう、予定を確認してから折り返し電話するわ。

□ **extra [ékstrə]** 形　余分の　　□ **schedule [skédʒuːl]** 名　予定

ひとくちメモ

電話でのやりとりには、多くの定型表現が使われます。最初の言葉が理解できれば、安心でき、その後の会話も落ち着いて行うことができるでしょう。このレッスンで学んだ表現を何度も口ずさんで忘れないようにしましょう。

耳づくりのヒント

電話で「こちらは～です」と言うときには、会話の中にあったように“This is［自分の名前］.” や “This is［自分の名前］speaking.” のように表現することができます。また、オフィスなどでかかってきた電話が自分宛てであった場合は“Speaking.”のように答えることができます。また、speakingのように-ng [ŋ]で終わっている単語は「ンッ」と鼻から息を出すように発音します。king「王様」は「キンッ」、ring「リング」は「リンッ」のようになるわけですね。

練習3の答え 音声を聞きながら下の囲みを見て、聞き取れなかったところをチェックしよう。

Ted: Hello, / ① this is Ted. / ② Is this Naomi?

Naomi: Hi, Ted. / ③ What's up?

Ted: Well, / I ④ just got a call / from Bob, / and he said / he has ⑤ two extra tickets / to the basketball game / this evening. / I ⑥ just wanted to check / if you ⑦ wanna come / with us.

Naomi: Thanks / for ⑧ inviting me, / but let me check my schedule first / and ⑨ call you back.

音源をフル活用

❶ リスニング１＋音読：ポーズなしの音声を５回以上聞こう。さらに完成文を５回以上音読しよう。

❷ リピーティング：ポーズありの音声のあとについて５回以上リピートしよう。

❸ リスニング２：ナチュラルスピードの音声を５回以上聞こう。

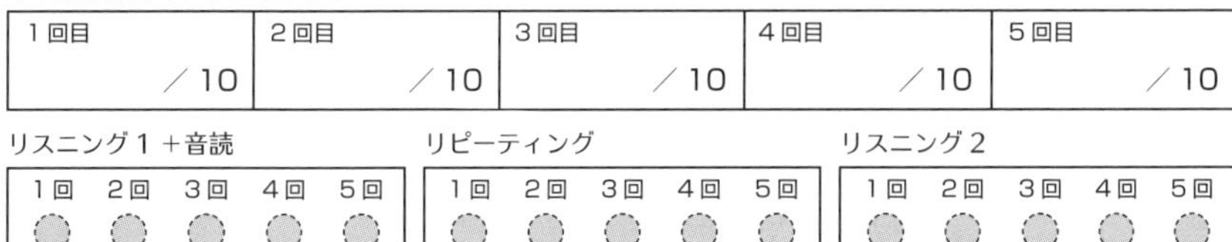

くり返し練習でクリアしよう！

1回目	2回目	3回目	4回目	5回目
／10	／10	／10	／10	／10

リスニング１＋音読

1回	2回	3回	4回	5回

リピーティング

1回	2回	3回	4回	5回

リスニング２

1回	2回	3回	4回	5回

復習エクササイズ

1. Sentenses:

音声を聞いて、空欄になっている箇所の英文を書き取りましょう。

129 2 78

1. ____________________ a __________ ?
2. ____________________ , sir?
3. __________ would you __________________ ?
4. Could you ______________________________ the manager?
5. Sorry. She's ____________________________ .
6. ____________________ or __________ ?
7. Do you know __________ the __________ __________ is?
8. ____ with your sandwich?
9. Do you have ____________________ ?
10. Could I ____________________ ?

2. Passage:

英文を聞いて、空欄になっている箇所に入る英文を書き取りましょう。 130 2 79

_______________ . _______________ for _______________

to our _______________ . We'd like to

_______________ our _______________ . He is a

_______________ in Tokyo, and _______________

in _______________ . He is _______________ as a

_______________ of _______________ , but _______________ he's

_______________ a lot of _______________ .

_______________ his _______________

_______________ . Everyone, please _______________

_______________ to Mr. Sonic.

3. Conversation:

会話を聞いて、空欄になっている箇所に入る英文を書き取りましょう。

131 2 80

Man : ______ . _______ Fast Travel?

Woman : Yes. ______________________ , sir?

Man : __________ to ___________________ from Los Angeles ____ Seattle. I'd like to leave _______ _______ , ____________ .

Woman : ________ ... We have some ______ ______ on the ___________________ Southwest Airline, and _______________________ Coast Airline.

Man : _____________________ the nine o'clock _________?

Woman : _________ . Do you have ____________ __________?

Man : Yes. ______ have __________ , please?

Woman : _______ . ____________ one's _______ .

解答と解説

1. Sentences

1. **Would you like a bag?** ▶レッスン12
(袋はいかがですか？)
ポイント　レジの係員がよく客にきく質問です。

2. **Is that it, sir?** ▶レッスン12
(ご注文は以上ですか？)
ポイント　That's it. は「それですべてです」という意味の決まり文句です。

3. **How would you like your eggs?** ▶レッスン13
(卵はどのように調理しましょうか？)
ポイント　sunny-side up（片面焼き）やeasy over（両面焼き）のように答えます。

4. **Could you put me through to the manager?** ▶レッスン18
(部長をお願いします) →レッスン18
ポイント　put A through to Bは「Aの電話をBにつなぐ」という意味の重要表現です。
□ **put through**　電話をつなぐ

5. **Sorry. She's not in right now.** ▶レッスン18
(申し訳ございませんが、ただいま不在にしております)
ポイント　be inは「在宅中」「在勤中」、be outは「外出中」という意味です。

6. **Eat here or to go?** ▶レッスン13

（こちらで召し上がりますか？　お持ち帰りですか？）

ポイント ファストフード店などでよくされる質問です。

□ **to go**　持ち帰り用の

7. **Do you know where the check-in counter is?** ▶レッスン15

（チェックインカウンターはどこかご存じですか？）

ポイント Do you know where ～ is?（～がどこだかご存じですか）は場所を尋ねる場合に使える便利な表現です。

□ **check-in counter**　チェックインカウンター

8. **Would you like something else with your sandwich?** ▶レッスン13

（サンドイッチと一緒に何かいかがですか？）

ポイント Would you like ～？は「～はいかがですか」という意味のよく使う表現です。

9. **Do you have any recommendations?**

▶レッスン

（何かおすすめはありますか？）

ポイント メニュー等で迷った場合にこの表現を使ってみましょう。

□ **recommendation** [rèkəmendéiʃən] 名　おすすめ、提言

10. **Could I try this jacket on?** ▶レッスン12

（このジャケットを試着してもいいですか？）

ポイント try ～ onは「～を試着する」という意味の熟語です。

□ **try on**　試着する

2. Passage 正解文

Hello, everyone. Thank you for coming to our magic bar. We'd like to introduce our magician today. He is a very famous magician in Tokyo, and is active in many countries. He is generally known as a genius of card magic, but today he's gonna show us a lot of coin magic. We hope you all will enjoy his amazing performance. Everyone, please give a warm welcome to Mr. Sonic.

2. Passage

日本語訳

みなさま、こんにちは。マジックバーにお越しいただき、ありがとうございます。今日は、当バーのマジシャンを紹介したいと思います。彼は東京でとても有名なマジシャンで、世界でも活躍しています。カードマジックの天才として広く知られていますが、今日はさまざまなコインマジックを披露してくれます。驚くべきパフォーマンスをお楽しみください。みなさま、ミスター・ソニックに温かい拍手をどうぞ。

チェックポイント

☐ **active** [ǽktiv] 形　活躍して、積極的な
☐ **generally** [dʒénərəli] 副　通常、広く、一般に
☐ **genius** [dʒíniəs] 名　天才
☐ **amazing** [əméiziŋ] 形　驚くべき
☐ **performance** [pərfɔ́rməns] 名　パフォーマンス、演技

3. Conversation 正解文

Man : Hello. Is this Fast Travel?

Woman : Yes. How may we help you, sir?

Man : I'd like to make a reservation on a flight from Los Angeles to Seattle. I'd like to leave tomorrow morning, if possible.

Woman : Let me see ... We have some seats available on the nine o'clock flight of Southwest Airline, and also a ten o'clock flight of Coast Airline.

Man : Could I have one seat on the nine o'clock flight?

Woman : Certainly, sir. Do you have any seating preference?

Man : Yes. Could I have an aisle seat, please?

Woman : All right. Let me check if one's available.

3. Conversation

日本語訳

男性：こんにちは。ファーストトラベルですか？

女性：はい、そうです。ご用件をおうかがいします。

男性：ロサンゼルスからシアトルまでのフライトの予約をお願いします。可能であれば、明朝、出発したいのですが。

女性：少々お待ちください。サウスウエスト航空の9時のフライトであれば空席がございます。コースト航空の10時のフライトにもありますね。

男性：9時のフライトの席を1つお願いできますか？

女性：かしこまりました。お好みの席はございますか？

男性：はい。通路側をお願いできますか？

女性：了解しました。確認いたします。

チェックポイント

- □ **make a reservation**　予約する
- □ **Let me see.**　答えがすぐに出ないときなどに「えぇと…」という感じで用いる
- □ **seat available**　空席　※availableは、［形］利用できる、在庫がある
- □ **Certainly.**　かしこまりました、承知しました
- □ **seating** [síːtiŋ] 形　座席の
- □ **preference** [préfərəns] 名　好み
- □ **aisle seat**　通路側の席

これだけは覚えよう！

発音のまとめ

ここでは、日本人が特に苦手だと思われる、17個の母音と子音の発音についてまとめました。発音記号を含めてしっかり覚えれば、辞書を引くときや単語の勉強をするときなどに必ず役に立ちますし、リスニングの上達にも役立ちますよ！

❶ 巻き舌の「アー」

əːr 口を少し開いて舌をダラーンとさせたまま、舌の先を少し巻き上げて「アー」と伸ばします。

★ er, ir, ur とつづられることが多い。

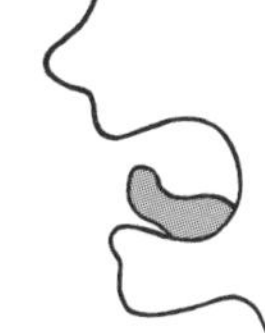

girl [gə́ːrl] 名 女の子	**curtain** [kə́ːrtn] 名 カーテン
bird [bə́ːrd] 名 鳥	**pearl** [pə́ːrl] 名 真珠

❷ 4つの「ア」

ɑ

アメリカ英語では、口を大きく開け日本語の「ア」のように発音します。

★ イギリス英語では [ɔ] と発音されます。

例		
	hot [hɑ́t] 形 熱い	**top** [tɑ́p] 名 頂上
	lock [lɑ́k] 動 カギをかける	**pond** [pɑ́nd] 名 池

æ

「エ」と「ア」の中間の音。「ア」の口をして「エ」と強く発音します。

★ aにアクセントが置かれる場合に、この発音になることが多い。

例		
	hat [hǽt] 名 帽子	**map** [mǽp] 名 地図
	cat [kǽt] 名 ネコ	**bad** [bǽd] 形 悪い

ʌ

のどの奥から短く「ア」と発音しましょう。

★ u, o, ouにアクセントが置かれる場合に、この発音になることが多い。

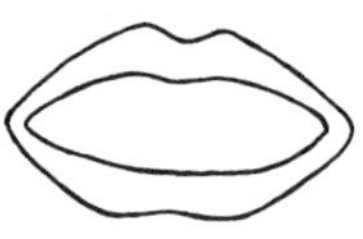

例		
	hut [hʌ́t] 名 小屋	**money** [mʌ́ni] 名 お金
	double [dʌ́bəl] 形 2倍の	**couple** [kʌ́pl] 名 一対

ə

「エ」というときの口で、弱く短く「ア」とぼかして発音しましょう。

★ アクセントが置かれないa, e, iなどが、この発音になることが多い。

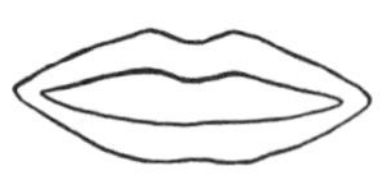

例		
	Japan [dʒəpǽn] 名 日本	**holiday** [hɑ́lədèi] 名 休日
	open [óupən] 動 開く	**lemon** [lémən] 名 レモン

③ fとvとbは唇がポイント

f

上の歯で下唇を軽く押さえ、そのすき間から「フ」と強く息をはき出します。

★ f, ff, ph, gh とつづられることが多い。

例
film [fílm] 名 フィルム　**coffee** [kɔ́ːfi] 名 コーヒー
phone [fóun] 名 電話　**graph** [grǽf] 名 グラフ

v

[f] と同じく上の歯で下唇を軽く押さえ、すき間から「ヴ」と強く息をはきます。

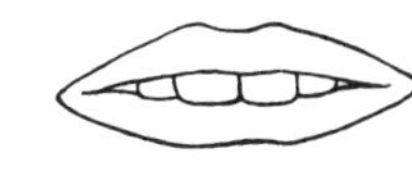

★ v とつづられることが多い。

例
very [véri] 副 とても　**movie** [múːvi] 名 映画
voice [vɔ́is] 名 声　**view** [vjúː] 名 視界

b

歯で下唇を押さるのではなく、閉じた唇をはじく感じで日本語のバ行のように発音します。

★ b, bb とつづられることが多い。

例
brother [brʌ́ðər] 名 兄弟　**job** [dʒáb] 名 仕事
lobby [lábi] 名 ロビー　**beer** [bíər] 名 ビール

④ 鼻にかかった「ング」

ŋ

舌の奥を上あごの奥につけて、鼻から「ング」を１つの音にする感じで発音します。

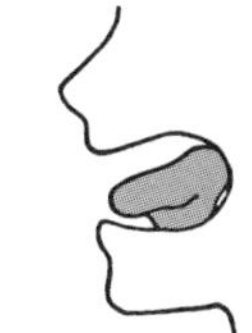

★ ng とつづられることが多い。

例
ring [ríŋ] 名 指輪　**strong** [strɔ́ːŋ] 形 強い
ink [íŋk] 名 インク　**bungalow** [bʌ́ŋgəlòu] 名 バンガロー

❺ みんなが悩む l と r

l

舌の先を上の歯ぐきの裏につけた状態で「ウ」のような音を出します。

★ 語頭や母音の前では強く、語尾や子音の前では弱くあいまいに発音する。

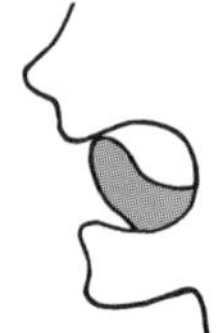

例
left [léft] 名 形 左、左の
please [plíːz] 副 どうぞ
little [lítl] 形 小さい
light [láit] 名 光

r

舌を口の中のどこにもつけずに、舌の先を上に丸め、「ウ」のような音を出します。

★ rやrrとつづられることが多い。

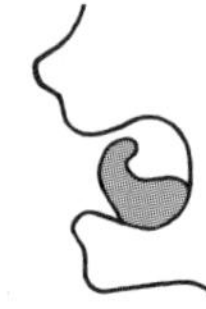

例
right [róud] 名 形 右、右の
road [róud] 名 道
address [ədrés] 名 アドレス
bright [bráit] 形 明るい

❻ 日本語にはない2つの th

θ

舌の先を上下の歯の間に軽くはさんで、そのすき間から息を出します。

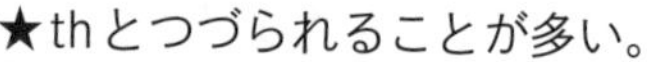

★thとつづられることが多い。

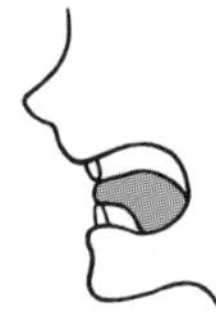

例
thank [θǽŋk] 動 感謝する
thing [θíŋ] 名 物
mouth [máuθ] 名 口
fifth [fífθ] 形 5番目の

ð

同様に、舌の先を上下の歯の間に軽くはさみ、[θ]を濁らせた音を出します。

★thとつづられることが多い。

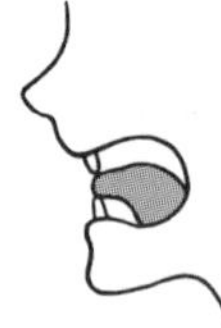

例
this [ðís] 代 これ・この
other [ʌ́ðər] 形 別の
father [fáːðər] 名 父
though [ðóu] 接 ～だけれども